西南大学工商管理学科建设系列丛书（第一辑）

重庆市社科规划项目（2016YBGL130）、中央高校基本科研业务费专项资金重点项目（SWU1509413）资助

企业的多层次创新及其跨层次影响机制研究

王双龙 ◎ 著

中国财经出版传媒集团
中国财政经济出版社

图书在版编目（CIP）数据

企业的多层次创新及其跨层次影响机制研究/王双龙著．—北京：中国财政经济出版社，2018.7

（西南大学工商管理学科建设系列丛书．第一辑）

ISBN 978－7－5095－8388－3

Ⅰ.①企…　Ⅱ.①王…　Ⅲ.①企业组织－组织创新－研究　Ⅳ.①F271

中国版本图书馆 CIP 数据核字（2018）第 159390 号

责任编辑：王　丽　罗伶一　　　　　责任校对：徐艳丽

中国财政经济出版社 出版

URL：http：//ckfz.cfeph.cn

E－mail：cfeph@ cfeph.cn

社址：北京市海淀区阜成路甲 28 号　邮政编码：100142

营销中心电话：010－88191537

天猫网店：中国财政经济出版社旗舰店

网址：https：//zgczjjcbs.tmall.com

北京财经印刷厂印刷　各地新华书店经销

880×1230 毫米　32 开　7.75 印张　182 000 字

2018 年 7 月第 1 版　2018 年 7 月北京第 1 次印刷

定价：45.00 元

ISBN 978－7－5095－8388－3

（图书出现印装问题，本社负责调换）

本社质量投诉电话：010－88190744

打击盗版举报热线：010－88191661　QQ：2242791300

目录

第1章 企业创新及其分类

1.1 企业创新及企业创新研究的发展

知识经济的提出改变了人类千百年来的发展模式，开创了世界经济由物质资源型经济向知识技术型经济转变的新篇章。知识经济的实质是创新型经济，在经济全球化背景下科学技术日新月异，知识生产与知识创造是 21 世纪经济发展的核心，自主创新能力日益成为影响各国参与国际竞争的重要因素，创新对一个国家和一个民族来说，是发展进步的灵魂和不竭动力。随着中国经济的资源环境约束日益强化，要素的规模驱动力逐步减弱，传统的高投入、高消耗、粗放式发展方式难以为继，经济发展进入新常态，需要从要素驱动和投资驱动转向创新驱动。

当今世界，决定国家综合实力的关键指标是国家的创新能力，提高创新能力也已经成为了我国的国家战略。习近平总书记在 2014 年召开的中央财经领导小组第七次会议上指出创新始终是推动一个国家、一个民族向前发展的重要力量；2015 年，国务院印发《关于大力推进大众创业万众创新若干政策措施的意见》的文件，目的在于打造发展新引擎、走创新驱动发展道路。2016 年党的十八大提出实施创新驱动发展战略，强调科技创新是提高社会生产力和综合国力的战略支撑，必须摆在国家发展全局的核心位置。2018 年，我国科技部和国资委印发了《关于进一步推进中央企业创新发展的意见》，主要目标是建立特色鲜明、要素集聚、活力迸发的中央企业创新体系，突破一批核心关键技术。2017 年 9 月，中央首次以专门文件明确企业家精神的地位和价值。百度公司创始人、董事长兼首席执行官李彦宏也曾表示，新环境和新趋势要求企业家进一步成为创新的先行者和引领者，成为创新氛围的营造者。

创新已经成为了企业发展和生存的动力，是企业发展过程中不可缺少的一部分，企业的创新精神要求我们在创新中寻求发展，创新是企业的生存和发展的根本，也是促进企业管理效率和管理模式改变的重要手段。创新对于一个企业来讲就是寻找生机和出路的必要条件，创新也相应成为组织成功的关键所在，企业要在快速变迁、混乱不清的市场环境中求得生存，只有通过不断创新才能在市场经济的竞争中处于主动地位。从某种意义上来说，一个企业不懂得创新的企业可能就要濒临灭亡。然而，现阶段条件下，企业创新面临着严峻的挑战。数字化技术带来的颠覆性影响。一方面，新产品、新服务不断地市场涌现，另一方面，在“互联网 +”新的市场环境下，企业若想占据有力地位、取得长足发展，就需要转变传统的管理模式，主动进行从技术到管理的创新，让企业的发展搭上"互联网 +"、信息技术、人工智能和大数据等外部机遇的快车。

如何鼓励企业的创新是学术界及企业界相当重视的议题（Damanpour，1996；Perry - Smith 和 Shalley，2003）。对持续改进与创新重要性的认识不仅出现在创新方面的学术文献当中，而且在其他的管理原理中也得到了重视，如全面质量管理（McLoughlin 和 Harris，1997）和公司创业（Sharma 和 Chrisman，1999）等。事实上，任何一种新产品、新流程、新服务或新的经营活动，只要能够创造出深受客户欢迎的解决方案或者提升了客户价值就可称之为创新。有关创新的研究相当丰富，众多创新的相关研究主要集中于产品技术（Bain、Mann 和 Pirola - Merlo，2001）、市场营销（Christiansen，2000）、战略制定（Afuh，1998）、行政管理（Watkins、Ellinger 和 Valentine，1999）以及组织文化（Fransman，1999）和人力资源管理（王双龙，2018）等多个领域。其中，在工商管理学科中，创新问题引入中国时，最先集中在技术创新方面，随后，一些学者逐渐加入了管理创新的研究。

我们搜索了包括 EBSCO Complete，JSTOR，Web of Science 和 Google Scholar 的数据库，统计了国外关于企业创新的研究的增长情况，如图 1 - 1 所示。同时，也在中国知网（CNKI）用"创新"作为篇名，并在"经济与管理科学"文献分类目录下，并选择 CSSCI 期刊作为统计源，分析了近 10 年中国学者对于创新研究的增长情况，如图 1 - 2 所示，尽管用"篇名"作为检索条件并不能完整地反映实际的数量，但还是能够反映一定的趋势，也就是说，不管是在国内还是在国外，工商管理学科中关于创新的研究在不断地增加，学者们的研究热情还在持续。

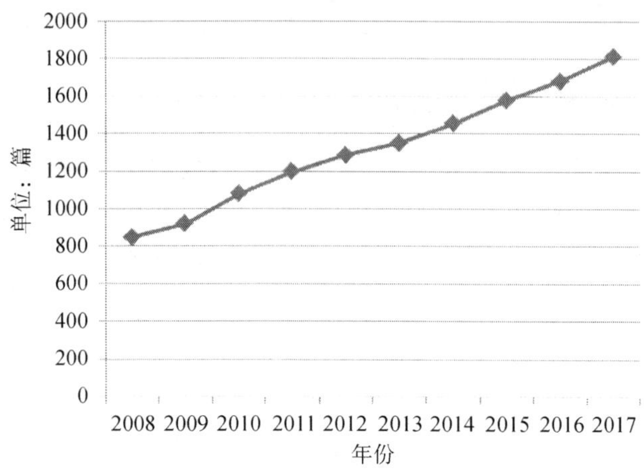

图 1-1 国外学者发表的创新有关的研究论文增长情况

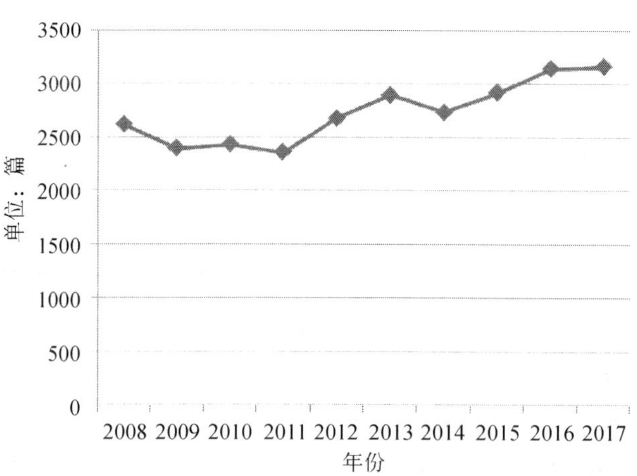

图 1-2 中国学者发表的创新有关的研究论文增长情况

1.2　创新定义及相关概念辨析

1.2.1　创新的定义

创新在《韦氏高阶英语词典》中被解释为引进新的事物（introduce new things），是一种新的概念、方法或设备（Merrian – Webster，2009）。创新的理论基础主要源自于美籍奥地利经济学家熊彼特（Schumpeter）在 1912 年出版的《经济发展理论》一书中所首次提出的创新理论，并强调创新在经济体系中扮演着极重要的角色后，创新的概念开始获得学术界的重视，企业开始积极地进行创新以期自身的发展不会被淘汰。熊彼特对创新的定义不是指科学技术上的发明创造，而是把已发明的科学技术引入到企业之中，形成一种新的生产能力。他认为创新是企业利用资源，以新的生产方式来满足市场的需要，是经济成长的原动力。值得一提的是，由于创新和创造力的关系在人们的观念中非常近似，甚至一些学者混用这两个概念，或者认为它们是在开发新系统、新产品的过程中共生而无法分割的现象。正是因为这样，在《管理学会评论》（Academy of Management Review）的主题检索里输入创造力（creativity），也会见到创新的内容（innovation）。事实上，这些看似相关的概念被不同学术领域的学者所研究，创新的研究主要集中在社会学、经济学、工程学以及组织理论等领域，而创造力的研究几乎全部集中在心理学领域。Leonard 和 Swap（1999）认为创造力是“形成并表达可能有用的新奇点子的过程”，而对创新（innovation）则是“创意观点的实际使用或商业价值实现过程中知识的具体化、综合以及合并”。

创新一词具有多重面向，可以是一个过程，同时也可能是一个结果；可以是一种内在的反应，也可能是外在的改变（Damanpour，1996）。目前学者对创新的定义大致包括三个视角。第一种，部分学者认为创新是一种产品。例如，Damanpour（1991）认为企业创新是指采用内部自然产生或向外部取得的某种活动，该活动对于组织而言是新的，如设备、系统、政策、方案、过程、产品、服务等，范围涉及企业经营有关的各种活动。Smith 等人（2005）将企业创新视为是生产或设计新产品，主要是以具体的产品或产品专利为衡量依据。第二种，还有的学者将创新看作是一个过程。例如，Hodge，Anthony 和 Gales（1996）认为企业创新的意义就是将创造或新颖的想法转变成有用的商品、服务或生产方法的过程。Clark 和 Guy（1998）将创新定义为把知识转换为实用商品的过程，强调这一过程中人、事、物，以及相关部门的互动与信息的反馈，创新过程是知识创造与科技知识扩散的主要来源，也是企业提升竞争力的主要方法。Hill 和 Jones（1998）则认为创新是指一种由组织运用其技能与资源去建立新科技及产品的新方法或新程序，对客户的需求予以改变及提供较优响应的过程。第三种，有的学者则采取了综合的观点，例如，Wolfe（1994）将组织创新的内涵分为产品观点、过程观点、产品及过程观点、多元观点四种不同观点。表 1－1 列出了不同学者关于创新的主要观点。

1.2.2　企业创新的分类

企业创新是一种多维度的、多层面的复杂构念，因此，学者们依据自身的研究需要，对创新这一概念进行了分解，分门别类

表 1－1　　　　　　　　创新的定义

作者	年份	定义
Schumpeter	1934	科技创新可以促进经济成长，对于个人生产力、资源的有效运用、工作的本质以及贸易的竞争，有其无比重要的影响力，其认为创新可以使投资的资产再创价值
Thompson	1965	是指对于新的概念、流程以及产品和服务的生产、接受以及实施的过程
Zaltman 等	1973	是指被相关部门采用的新的概念、操作以及人工结果
Mogee 和 Schacht	1980	技术创新是指那些使得所属的产业变得更新和得到改善的流程
Peters 和 Waterman	1982	是指一个擅长于持续地对环境的各种变化作出积极反应的企业以拥有创造性的员工以发展出新的产品和服务的特征
Damanpour 和 Evan	1984	认为并非只有导入新的技术才可称为组织创新，凡能够顺利完成既定目标，通过技术或管理而成功地整合架构者即为组织创新的表现
Peter Drucker	1985	创新提供了创造财富并且把他们变成真实的能力，只要是让现有资源创造价值的方式改变，即可视为创新，所以创新是一个可以学习与实现的领域
Tushman 和 Nadler	1986	创新意味着新的产品、服务以及流传的创造过程，许多成功的创新受到累积的概念与方法改变的影响
Betzand	1987	创新意味着新的产品或者改进
Chacke	1988	创新是修订一种新的观念、程序或产品，使其符合现在或潜在的需求
Frankle	1990	创新意味着满足新的或者潜在的需要或者通过改进和开发既有的功能来达到商业目的

续表

作者	年份	定义
Gattiker	1990	创新活动是指个体、团队和组织产生的程序或者流程，在创新的过程中，组织会运用各种新的知识和相关信息
Vrakking	1990	是一种观念，一种运作，或任何产品，被认为是全新时，则称之为创新
Damanpour	1990	创新是指新的产品、服务、加工技术、管理系统或者结构以及新的计划
Betz	1993	创新是将新产品、程序或服务介绍到市场，另外技术创新是创新的一部分，是将以科技为基础的产品、程序或服务介绍到市场
Brown	1994	是指期待发展出不同的或者更好的方式以增加产品、流程或者程序方面的价值
Wolfe	1994	组织创新的内涵分为产品观点、过程观点、产品及过程观点、多元观点四种不同观点
Higgins	1995	创新是发明（Invent）新事物的过程，可以对个人、团队、组织、产业甚至社会国家产生极大价值。而且创新可以使企业在竞争力或产品流程上，与别的企业处于相对较低成本的地位，所以创新是掌握竞争优势的秘诀
Amabile 等	1996	创新是指组织中创造性观点的成功实现
McGourty 等	1996	通过创新企业可以使投资的资产再创其价值
Pereira 和 Aspinwall	1997	创新被广义地定义为业务流程重组过程
Gallouj 和 Weinstein	1997	产品属性的增加或功能上的提升
Hill 和 Jones	1998	创新是公司内部任何生产或制造新产品的新方法，包括产品式样的增加，生产制造管理系统以及组织结构或策略方面的开发

续表

作者	年份	定义
Clark 和 Guy	1998	创新是指将知识转换为实用商品之过程，所强调的是在该过程中人、事、物以及相关部门的互动与信息的回馈，且创新是创造知识及科技知识扩散之最主要来源
Mcadam 等	2000	有效的商业创新是指个体利用创造力对环境做出改进，通过技术的或者生产的进步以及设计和开发出新的产品，一个组织差异化其产品、流程以及程序
Fco，Moreno 和 Morales	2005	创新是促使组织更具竞争力的策略选择，其并非将旧有的事情做的更好，而是将现有的事情做的更新颖、更简化且更有效率
Mcgahan	2004	创新活动指公司有后续报酬的所有投资活动，包括员工训练课程、基础设施及发展等投资支出，是反应组织为未来而选择的决策
Daft	2005	组织采用当前环境体制下前所未见崭新的观念或行为的一项过程
Carlson 和 William	2006	创新是创造和提供市场中新的顾客价值的一种过程
Moon 和 Kym	2006	创新是可以有效的执行，并在市场上使用，甚至可以使组织与社会更为完善
操龙灿	2006	创新一般是指人类在认识和改造客观世界和主观世界的实践中获得新知识新方法的过程与结果，创新包含了科技发现和创造、技术发明和商业或社会价值实现的一系列活动，即科学发现和技术创新
方厚政	2007	创新是新技术与市场的结合，创新离不开研究开发组织的科研努力，也不能忽视战略计划、采购、工程、生产和市场化等环节，创新包括发明的产生、推广和商业化应用

续表

作者	年份	定义
谢陆宁	2007	创新不是简单的任务，它是存在创造性、挑战性和风险的复杂过程，为了成功的完成复杂的创新项目，企业需要将不同专家（通常处于不同的功能部门中）组合起来形成团队，团队成员在技能和想法上进行互补，通过他们之间的合作完成创新任务
郭韬	2008	创新具有多个侧面，有些创新可以提高工作效率或巩固企业的竞争地位，有些创新可以改善人们的工作质量或生活质量，有些创新对经济有根本性的影响，创新未必是全新的事物，旧的事物以新的形式出现或以新的方式组合也是创新
刘诗白	2010	科技创新是知识创新、生产技术条件创新、劳动技能创新、组织管理创新
张晶敏	2010	创新就是对事物的整体或某些部分进行变革，从而获得更新和发展的活动，这种更新与发展，可以是事物内部构成因素的重新组合，也可以是事物外部形态的转变，这些都是事物的内容或形态由于增加新的因素而得以完善和丰富
高鹏	2012	创新是组织利用新知识改变资源配置方式，从而带来组织绩效的增益，这种增益包括产品设计效率提升、生产效率提升、供应链效率提升、财务绩效提升、客户服务质量提升等多个领域
王来军	2014	创新是一个复杂的互动学习过程，涉及新观念，新发明，新产品的开发、设计、生产，营销新战略和新的市场开发等一系列活动
王涛	2014	创新定义的演变展现了创新方式与创新内容的不断丰富和发展，但是创新的本质始终不曾改变，它强调新知识、新技术的开发与应用，通过更新组织提供的产品或服务，不断改进生产方式，创造出新的经济价值，获取新的经济利润

续表

作者	年份	定义
鲁继通	2016	创新是一个由知识研发、技术产生、技术应用与转移的活动，通过不同创新主体、不同要素资源之间的融合与协作，最终作用于技术经济上实现价值创造与价值转化的复杂动态工程
于凡修	2017	创新是将发现或发明的成果应用于经济生活中，或将生产要素加以重新组合并产生经济效益的过程
曹建飞	2017	创新是指对落后的不适宜的体制、机制、政策、方式、技术和产品进行改良改革，以全新的形式、技术、方法和路线，塑造新的运行机制，形成新的结构和功能，推动事物的进步
王宇	2017	创新是企业为达到提高经济效益从而适应动态环境的目的，持续重复地发掘新资源或尝试新的资源组合的过程，这些活动包括物质和非物质，技术和管理，以及产品和工艺相关

地进行分析。对于创新的分类有很多种，最常见的分类方式有以下三种（Damanpour，1991）。

首先，根据创新的发起者不同，企业创新可分为管理创新和技术创新。Daft（1978）认为管理创新是指组织战略及组织结构要素的创新；技术创新则包含产品、技术本身，工序流程与产品创意等方面的创新。Damanpour（1991）进一步指出管理创新包括组织结构和管理过程的创新，这些创新与组织生产经营的基本活动间接相关而与组织管理活动直接相关，它涉及组织的规划、组织、用人、领导、控制等方面，而技术创新与产品和过程等方面的基本活动直接相关。Subrmanian 和 Nillakanta（1996）在前人研究基础之上对这两个概念进行了更为细致的描述，他们认为管理创新会影响组织内部成员及他们的社会行为，包含角色、规范、程序及成员间的沟通模式，同时还包括新管理系统、管理流程等方案的引进，管理创新虽不能直接提供新产品，但会间接影响新产品的引进与新产品的生产流程。Damanpour（1991）提出企业创新的双内核模式与Daft（1978）的概念相同，也将企业创新分为管理创新与技术创新两种类型。Samson（1991）则将创新分为产品、程序、管理与系统创新。Gopalakrishnan（1997）认为许多创新的研究只重视技术创新而忽略了管理创新的重要内涵。

其次，根据创新的结果不同，分为产品或服务创新、生产流程创新、组织结构创新和人员创新（Knight，1967；Kanter，1988；Burgess，1989；Wolfe，1994；Dougherty 和 Bowman，1995；Lumpkin 和 Dess，1996）。Knight（1967）认为产品或服务创新是组织的生产、销售或产出过程中新产品或新服务的引进。生产流程创新是指企业在进行业务决策、信息系统管理、实体产品的生产，或提供服务的过程中引入新的要元素。组织结构创新包括改变组织的工作任务、权利关系、通讯系统、或正式的奖励机制。组织结构创新是对产品过程创新的补充，因为它包含了组织参与者之间的正式关联和权力关系，而这些关系正是在产品生产流程中所建立的。组织内的人员创新体现在两个方面：一是改变解雇或聘任的方式；二是通过教育培训改变人们的思想或行为。Robbins（2001）则认为企业创新包含结构、技术、物质及人员等四个层面的创新。

最后，根据创新给组织带来的变化程度不同，分为渐进性创新与激进性创新（Dewar，Dutton，1986）。Dewar 和 Dutton（1986）把技术上非常规的、根本的、革命性的创新称为激进性创新，这种创新可以给组织活动以及结果带来根本性的改变。而变异性的，常规的，逐渐演变的创新是渐进性创新，这种创新的结果与现有实践的偏离较少。Henderson 和 Clark（1990）将企业创新分为渐进式创新、模块式创新、架构式创新及突变式创新等四个类型。近年来，还有的学者提出了双元创新模式，组织双元的相关概念在组织管理领域已成为新的研究热点，其探讨的重要议题是组织如何在两个矛盾与冲突间取得平衡，组织双元模式可定义为组织在管理上对互为对立任务的取舍，可解决企业对探索与利用之间平衡的需求，以及企业有效地应对探索创新与应用创新之间所形成的紧张与矛盾。除此之外，有的研究者还根据创新的不同阶段来划分创新，例如，Klein 和 Sorra（1996）将企业创新区分为知觉阶段、选择阶段、采用阶段、实施阶段及制度化阶段。

1.3　企业创新研究的相关理论与整体框架

1.3.1　企业创新研究的相关理论

虽然更高层次的研究可能更全面，企业在组织、团队和个人层面的创新在实践上更容易进行控制，例如行业，国家或全球层面可能超出了单个企业的控制。因此，本书主要关注企业，团队和个人层面的企业创新。Crossan 和 Apaydin（2010）的研究表明，许多的实证研究并没有呈现出一个明确的理论基础，仅有 1/7 的创新有关文献包含了一个理论。其中大部分是学习理论与知识管理理论，还有一部分是网络理论以及经济理论。此外，知识基础观以及适应理论也在一些研究中得到了运用。Crossan 和 Apaydin（2010）还发现，网络理论、学习理论以及知识管理理论在所有层次的研究中都有涉及，经济理论基本上集中在经济或者社会层面的研究中，知识基础观和适应理论被运用在组织层次，而心理学理论在主要运用在个体层次，如表 1－2 所示。

表 1－2　　　　企业创新所涉及的理论

	跨层次	宏观层面（经济/产业/市场）	组织层面	微观层面（群体/团队/个体）
制度理论	Burns 和 Wholey（1993）	Cohen 和 Levin（1989）；Haunschild 和 Miner（1997）；Westphal 等（1997）	Balachandra 和 Friar（1997）（contingency）；Lam（2005）	
经济与演化理论	Berry 和 Berry（1992）；Van de Ven 和 Poole（1995）	Coe 和 Helpman（1995）；Feldman 和 Florida（1994）；Pouder 和 St. John（1996）	Blundell 等（1995）（路径依赖）；Brown 和 Eisenhardt（1997）；Pil 和 Macduffie（1996）	
网络理论	Burns 和 Wholey（1993）；Ibarra（1993）	Ahuja（2000）；Hargadon 和 Sutton（1997）；Porter（1998）；Westphal 等（1997）	Hansen（1999）；Powell 等（1996）	
资源基础理论和动态能力理论			Christmann（2000）；Lei 等（1996）；Teece（1998）；Tidd 等（1997）	

续表

	跨层次	宏观层面（经济/产业/市场）	组织层面	微观层面（群体/团队/个体）
学习理论、知识管理理论、组织适应与变革理论	Brown 和 Duguid（1998）Von Krogh（1998）	Hargadon 和 Sutton（1997）；Haunschild 和 Miner（1997）	Cohen 和 Levinthal（1990）；Denison 等（1996）；Edmondson 等（2001）；Eisenhardt 和 Tabrizi（1995）；Grindley 和 Teece（1997）；Lam（2005）；McGrath（2001）；Powell（1998）；Powell 等（1996）；Tushman 和 O'Reilly（1996）；Sorensen 和 Stuart（2000）	Leonard 和 Sensiper（1998）Orlikowski 和 Gash（1994）
其他理论	Woodman 等（1993）（互动论）	Finnemore（1993）（建构主义理论）	McGrath（1997）（实物期权理论）	Agarwal 和 Prasad（1999）；Chatman 等（1998）；Harrison 等（1997）；Mick 和 Fournier（1998）；Mintrom（1997）

资料来源：Mary M. Crossan 和 Marina Apaydin，A Multi – Dimensional Framework of Organizational Innovation：A Systematic Review of the Literature.

基于以上分析，本书将在后续各章分析企业各个层次上所可能涉及的理论基础，以期对于企业创新研究的理论基础有所概括和总结。

1.3.2 企业创新影响因素的整体框架

通过对现有文献的回顾，发现除了 Crossan 和 Apaydin (2010) 的研究以外，还没有形成关于创新影响因素的一个总体框架，就其原因主要是由于创新本身的复杂性。企业的创新不仅是一个过程，而且是一个结果，创新问题的研究不仅回答了“如何”创新，而且还回答了“什么”以及“何种”创新的问题；创新的过程研究包括了层次、驱动力量、创新的方向（自下而上或自上而下）、创新的焦点等；创新结果的研究则包含了创新的形式、程度、参照点、类型等。因此，创新问题的研究所涉及的范围和内容非常之多，本书将以 Crossan 和 Apaydin (2010) 的框架模型为基础进行分析，如图 1-3 所示。

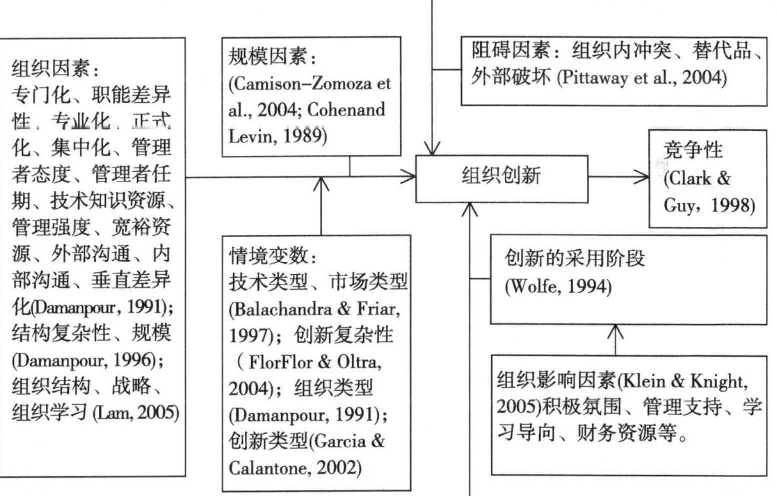

图 1－3　现有研究关于企业创新的影响因素

资料来源：Crossan, M. M., Apaydin, M. (2010). A multi－dimensional framework of organizational innovation: a systematic review of the literature. Journal of Management Studies, 47 (6), 1154～1191.

组织层面的创新

2.1 组织层次创新的定义

在环境的变动中，固守旧有的想法将降低企业的竞争优势，面对环境的快速变动，组织的创新能力成为维持其持续竞争优势的重要途径（Tang，1999）。对企业而言，创新是企业致胜的一大关键，对公司长期成功非常重要。过去有许多学者，针对影响组织创新的环境特性进行了大量研究。直至今日，组织创新的界定问题还是没有取得较为一致的看法（Wolfe，1994），研究观点和角度的不同导致组织创新的定义就不一样，可以分为下列几种观点：

第一，结果观点，即创新是以具体的产出数量与绩效结果来断定组织创新，并且重视实际产品的产出，例如 Burgess（1989）认为组织创新是组织产生或设计的新的产品，该产品可以获奖或成功上市。Amabile（1998）则从静态的产品观点指出，创新的观点和物品要具有新奇与独特的特质，且必须是正确、有价值、实用和适合的。

第二，过程观点，认为组织创新涉及一连串不同的作业程序或过程，并从资源分配应用、问题解决、绩效提升、提供顾客新价值选择、持续发展等视角来看待组织创新。例如，Dougherty 和 Bowman（1995）认为组织创新是一项复杂的问题解决过程，涉及的活动包括产品设计、产品创新功能部门的协调，公司资源、结构、策略的配合等活动。Daft（2005）则将组织创新定义为组织采用在当前环境下新颖、前所未有的观念或行为的过程。

第三，多元观点。近年来多数研究者采取多元情境的观点定义组织创新，他们认为过去学者对于组织创新持有的产品或过程观点，大多着重在企业的技术创新维度，而对于管理政策或措施等“管理创新”维度有所忽略。换言之，技术创新（包括产品、过程、及设备）与管理创新（包括系统、政策、方案、服务）都是组织创新可能的呈现。

许多学者分别从不同的观点与准则对组织创新进行分类。例如，Maidque 和 Robert（1984）从创新幅度的观点将组织创新分成突变性创新、系统性创新与渐近性创新。Gobeli 和 Daniel（1987）结合生产技术的变化及消费者的利益两个角度，将组织创新区分为渐进性创新、技术性创新、应用性创新、激进性创新等四类。Lynn 和 Akgun（1998）则结合市场新颖性与技术新颖性将组织创新分成进化的市场创新、非连续创新、渐近的创新及进化的技术创新等四类，综观过去学者对组织创新的分类，其主要的分类的准则仍是着重在技术创新的部分（Gobeli 和 Brown，1987；Lynn 和 Akgun，1998；Nord 和 Tucker，1987；Tushman

和 O'Reilly，1996）。

Damanpour（1991）认为完整的组织创新分类，应该采用 Daft 于 1978 年所提出双核心（dual - core）模式，即该模式将组织创新分成管理创新与技术创新两大类，所谓管理创新包含组织政策、管理架构、管理系统与管理过程的创新，这些创新活动与组织的基本作业是一种间接的关系，而技术创新则包含产品、服务、设备与生产流程技术的创新，而这些活动与组织的基本作业是一种直接的关系（Damanpour，1987；Damanpour，1991）。除 Damanpour 之外，许多学者也认为如果仅以技术创新来代表组织创新将过于狭隘，并认为双内核模式是在探讨组织创新时的最佳分类方式（Goes 和 Park，1997；Kimberly 和 Evanisko，1981；Lin 等，2004；Tsai 等，2001）。

2.2 组织层次创新的理论基础

2.2.1 组织学习理论

学习是一个行动过程，即当组织实际的成果与原先预期的结果发生差距时，组织会针对差距进行主动的侦别与矫正（Aygyris 和 Schon，1978）。Fiol 和 Lyles（1985）认为学习是通过获取及发展新的知识与能力来改善组织行动的程序。Kolb（1984）提出了经验学习的概念，认为个人学习往往来自于对于过去经验的学习，即将过去的经验转换为知识的一种创造性过程。Senge（1990）将组织学习定义为组织获取有关外在环境的知识，进而调整组织活动，使组织的输入和产出与环境响应之间能维持动态均衡的关系，同时 Senge 也提出学习型组织（Learning Organization）的概念，认为学习型组织是响应环境变化并通过持续性的自我革新而继续发展的组织，其包括自我超越、心智模式、共同愿景、团队学习、系统思考等五个要素。学习型组织中成员不断突破自己的能力上限，创造出真心向往的结果，培养全心、前瞻而开阔的思考方式，实现共同的愿景并一起不断学习如何学习。

基于系统观点，学习可通过分析层级而被划分为个体、群体与组织学习三个层次（Inkpen，1998）。组织拥有认知系统与记忆，虽面临组织成员与领导核心不断地更迭的情况，但组织记忆却会随时间而保留特定的行为、心智地图、规范与价值观（Hedberg，1981），因此组织在取得知识后会进行信息的传播与信息的解释，最后，将知识储存成为组织记忆（Huber，1991），所以，虽然组织学习是经由个人发生，但如果认为组织学习只是其成员学习的累积结果是不正确的。Grossan，Lane 和 White（1995）通过四个分析层级来探讨组织学习，分别是个体层次、群体层次、组织内部层次（intra – organization）、组织间层次（inter – organization）。个体层次强调个人过去经验的学习、组织成员之间的学习以及人格特质等；群体层次强调研究成员之间的沟通和信息分享；组织内部层次强调组织系统、组织架构、组织程序等；组织间层次则强调战略观点，如组织之间的合资关系、战略联盟等行动。组织间学习是近来在战略管理领域中备受关注的议题，其中包括厂商间的吸收能力、网络学习等主题，Cohen 和 Levinthal（1990）以学习观点提出吸收能力是组织吸收来自于外界的知识，吸收后将知识整合、内化且应用至新产品开发或其他目的上，同时吸收能力也代表组织通过既有知识来预测未来技术发展与产品开发的能力。

迈克尔·马奎特（Marquardt）在 1997 年提出了学习型组织系统模型。这一模型包括学习、组织、人员、知识和技术五个子系统，子系统之间彼此相关，相互支撑和共同聚力，从而促进组织学习的发生和发展。其中，学习子系统包含学习的层次（个人/团队/组织三个层次）、类型（适应型学习/预见型学习/行为型学习）和技能（系统思考、深度会谈等）；组织子系统指的是公司的文化、愿景、行动战略及组织结构等方面，目的是最大地促进所有成员的自主性和责任意识；人员子系统则包括整个业务链条上的所有参与者和利益相关者（如员工、合作伙伴、客户等）共同学习；知识子系统则保证组织对知识的有效管理，包括获取、创造、存储、分析、转移、应用、确认等流程和要素；技术子系统则通过各种信息技术手段来管理知识和促进学习效果，其手段通常包括电话或网络会议、多媒体教学、学习管理系统等。

此外，Watkins 与 Marsick 的理论模型描绘了组织学习的在不同层面的关系，包含个人、团队、组织与社会之间，这些层面之间是相互影响如图 2 -1 所示。简单来说，Watkins 和 Marsick 认为一个好的组织必定是一直不断在学习的，在学习的同时通过许多层面将外在知识与经验内化为组织的政策与方针。组织的学习具备高度社会性的特质，人与人共事会相互学习与模仿，这现象一样发生在团队与组织的层面，就像连锁反应一般。而社会作为一个外部影响的因素也影响了组织的学习。例如，组织何时会学习、组织会如何学习、以及组织又会学到什么，并且形成了组织与特定环境的关系与连结。组织与特定环境的关系则会迫使组织不断尝试以及创新，目的则为了要克服眼前组织所遇到的困难与瓶颈。

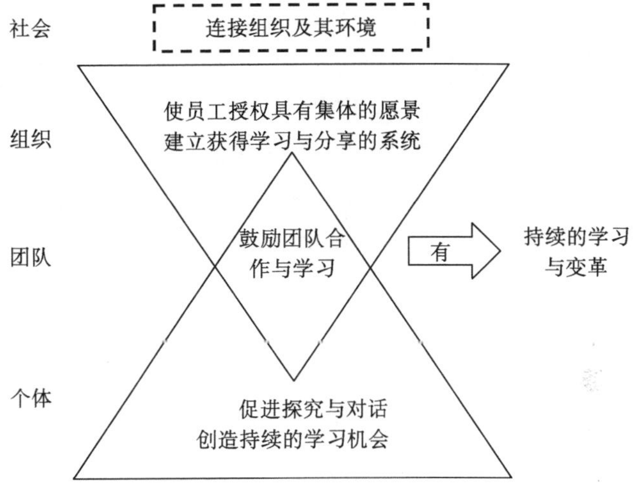

图 2－1　Watkins 和 Marsick 的组织学习模型

资料来源：Watkins K E, Marsick V J. Sculpting the Learning Organization: Lessons in the Art 和 Science of Systemic Change. First Edition. [M]. Jossey－Bass Inc. 350 Sansome Street, San Francisco, CA 94104～1310. 1993.

2.2.2　知识管理理论

知识管理的理论研究起源于 20 世纪 80 年代末。Barney 和 Baysinger（1990）从资源基础理论的观点，认为企业应找出并运用最有价值的资产并创造出的最大价值，Drucker（1993）和 Zack（1999）等学者则提出知识是未来唯一有意义的经济资源，是企业创造价值时不可或缺的投入要素，企业希望利用知识能使组织更有效率地达成目标，首先就是要使知识资源得以发挥其效用与效能。然而，如何掌握知识的运用并将其效能发挥到最大的程度以快速反应环境求取生存，完全取决于企业的知识管理能力。当代战略管理的理论也纷纷提到企业的竞争优势来自于本身的特殊知识及管理知识的能力，Nonaka 等人（2000）认为日本企业的竞争优势主要来自于知识的创造与持续的创新，这就表明知识管理的成功与否对企业而言扮演着非常重要的角色。因此，知识管理可以说是一个以知识为目标物的程序性作法，目的是期望能够增加组织绩效或是强化知识的能量，增加企业的竞争能力与经营绩效。Davenport 和 Prusak（1998）认为组织必须建立有效率的知识管理方法，经过员工的认知后把它视为一种附加价值并贡献他们的成功经验。

如今的企业持续通过知识的管理以促进组织创新以建立长期竞争优势，并且提升组织整体的绩效。企业必须了解自身所欠缺的知识和所需要拥有的知识，并通过各阶段性的步骤来达成管理知识这一关键的议题，以应对剧烈竞争的市场环境。同时，面对庞大的信息变化，员工已无法单独处理应付，有效率的分类、储存、记录和流通知识显得格外重要。知识管理与一般管理活动的差异主要在于它将重点集中于知识方面，最终目的是有系统、有组织的应用知识进而创造知识。知识管理是为了敏锐地应对外部环境的改变而从事信息的搜集、决定和行动，即为了适应不同形势而实施的弹性管理等必要措施，同时它也是企业不断地进行自我改造的综合性策略。知识管理可同时提升组织内创造性知识的质与量，并强化知识的可行性与价值，创造知识、获取知识以及使用知识的过程可提高组织绩效。因此，知识管理的主要目的在激发知识的创造、分享、重复使用，以达成组织学习并延续组织的生命。

就知识管理的定义而言，学者 Wiig（1993）认为知识管理是指连续性的协助组织获取自己及别人知识的活动。Beckman（1997）则认为知识管理是组织为了提升存活能力与竞争优势，对于存在于组织内、外部的个人、群体或团队知识，进行有系统地定义、获取、储存、分享、移转、利用与评估等工作。也就是说，知识管理应建构一个有效的知识系统，让组织中的知识能够有效的创造、流通与加值，进而不断地产生创新性的产品，其中每一个环节都是繁复的工作，必须加以管理。O'Dell 和 Grayson（1998）认为知识管理是在正确的时间点上将知识给予所需要的成员，并采取适当行动来提升组织绩效的持续性过程，此过程包括知识的创造、确认、搜集、分类、分享与储存、使用与修改到淘汰。Hanley 和 Dawson（2000）认为知识管理为管理知识以实施组织目标的程序，并进一步指出知识管理是一组能展现组织设计及经营原则、流程、应用技术的集合体，以此为企业创造价值。Rigby（2009）认为知识管理是一系列获取和分享智力资产的系统或流程，它能够提升组织内有用的、流通的和有意义的信息，并且能促进个人及团队的学习，也能够增加组织内部跨部门与跨层级的智力资源库。

Alavi（1997）认为知识管理流程共包括六个阶段：知识的取得、编码、过滤、链接、散布、应用。Sarvary（1999）认为知识管理流程主要组织学习、知识生产、知识传播三个方面。Zack（1999）认为知识管理程序包含取得、储存、检索和呈现四个阶段。Kraaijenbrink（2012）在其产品开发项目的研究中，认为知识管理流程可分为知识创造、知识应用、知识整合、知识保存等四个方面；Goldet 等（2001）则提出知识管理有知识取得、知识转换、知识应用、知识保护四个流程，当企业完成获得、转换的知识管理程序以后，就已经建立知识资产。Arthur Andersen（1999）提出知识管理的架构，即知识管理是通过科技将人、知识与信息紧密地链接起来，在分享性的文化里发挥价值，如图 2－2 所示。Davenport 等人（1998）提出了知识管理所涉及的四个过程，包括知识创造、知识组织存储、知识转化、知识应用。Sher 和 Lee（2004）认为知识管理过程是知识在组织内流动的过程，组织有三种形式的知识流动：新知识获取是知识垂直流动；知识的编码化是知识横向流动和纵向流动的集合；以及将组织内的新旧知识融合的知识整合是知识横向流动的过程。

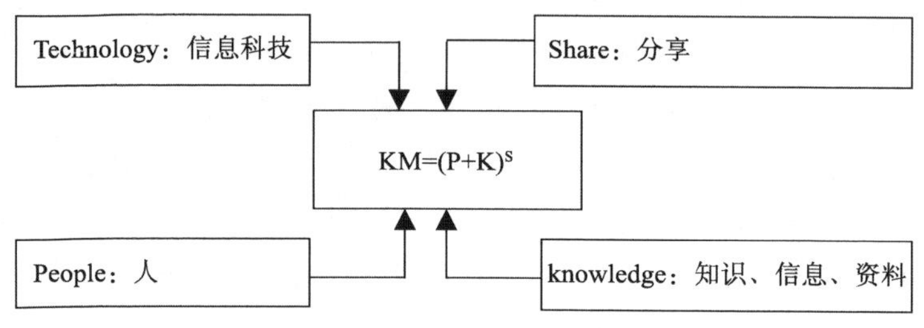

图 2-2　知识管理架构图

资料来源：Andersen A. The KMAT：Benchmarking Knowledge Management. Arthur Andersern Business Consulting，1999.

传统的知识管理研究主要包括技术、资源和过程三个视角（Karl，1997），知识管理的活动建构于信息技术、组织结构及认知过程，以形成知识领域的完整性与新知识的创造。认知过程中除了需要互相学习、共同解决问题及决策外，还包括结合组织、个人、计算机及网络以获取、储存及运用知识。Bill Gates（1999）则认为知识管理的初端与科技无关，应当从确认企业目标和流程开始，并认识到信息分享的必要性，其知识管理的核心就是管理信息的流动，让需要者获得正确信息，因而能快速采取行动，而且知识管理仅是工具而非目的，其真正目的是提升企业智力，即通过知识管理来强化企业竞争力。

组织学习和知识管理事实上是有关联性的，近年来，知识学习在组织学习等研究议题的扩散下已有相当数量的学者进行研究。例如，Nonaka 和 Takuichi（1995）将知识划分为内隐知识与外显知识，并指出当员工开始学习、内化组织的显性知识时，则这些显性知识将扩大、延伸与重新界定员工自己的隐性知识，组织的知识基础也因员工外显知识的学习而扩大。在组织中如果想通过创新达成目标且突破发展瓶颈，知识持续不断地在组织中创造是首要的条件。学者 Addleson（2000）则认为知识管理是在探讨组织和组织学习的关系，知识管理可分为通过人与人的互动、分享而产生而得的知识、以及通过外在信息科技而获取的知识。

企业竞争优势的维持依赖于知识创造的能力。知识管理的目的就是为了知识的创造与累积，尤其以知识的创造最为重要。创新是知识管理的最终目的，企业未来的竞争优势必须靠知识不断的创新，使核心能力产生创造性的运用，因此企业必须取得必要的资源与知识，发展出专属技能来满足产品的需要，进而演变成为企业独特的核心能力以获取竞争优势，Nonaka 和 Takeuchi（1995）在其知识创造价值理论中提到，知识是企业创新和竞争力的重要源泉，知识和学习系统对于创新的过程和结果都有积极的影响，Beckman（1997）认为知识创新为整合既有知识并通过研究、实验或是创新等方式开发新知识。

知识管理对于企业创新有重要影响，许多的实证研究证实了这一点。Cappellini（2003）从中小企业集群的角度认为将本土化的隐性知识转化为区域内共享的显性知识的知识管理过程，能够帮助企业克服认知障碍，提高整个区域的智力资本从而促进现有企业的创新。知识管理对创新成功具有重要影响，其结果表明知识管理对于产品创新、组织创新有积极影响（Cantner 等，2011；Liao 和 Wu，2009；Zhang 等，2010；Gold 等，2001）。Aboelmagd（2014）调查结果提供的证据表明创新绩效起着知识管理能力和运营绩效之间的中介作用，我国学者刘蕾（2010）、徐巧玲（2013）等也发现了企业的知识管理能力对技术创新绩效有正向影响。

2.2.3 有机组织理论

组织结构是指一个组织的构成架构，是组织中相对稳定和变动缓慢的行为型态组合，通过分工和协调的方式来达成所设立的目标（March 和 Simon，1958；Hage 和 Aiken，1970）。Robbins（1990）则认为组织结构是描述组织的体制，将人员之间的互动、沟通的流程以及权力关系的界定制度化，反映了公司所持有的价值基础、工作任务的正式划分与整合状况（Tata，Prasad 和 Thron，1999）。关于组织结构的维度，不同的学者有不同的看法。James 和 Jones（1976）认为组织结构包含权利集中程度、结构化程度、形式化、标准化、专业化、依赖性等因素。Mintzberg（1979）用正式化、集权化、专业化等三个因素来定义组织结构。Robbins（1993）认为组织结构包含复杂化、正式化、集权化三个构面。Miller（1988）则认为组织结构可以分成分权化、正式化、特殊化与整合化等四个构面；Ghoshal 和 Nohria（1989）以集权化/分权化、正式化/标准化、整合性/协调性等为主要衡量指标。Burns 和 Stalker（1961）提出了机械式组织和有机式组织的不同，在《革新的管理》（The Management of Innovation）一书中，他们对机械式组织系统和有机组织系统的主要特征进行了表述。机械式组织也称官僚行政组织，是综合使用传统组织设计的原则。有机式组织是一种松散、灵活的具有高度适应性的形式，它因为不具有标准化的工作和规则条例，所以是一种松散的结构，能根据需要迅速地作出调整。

组织绩效主要受组织结构与组织战略的影响（Olson 和 Hult，2005），许多学者对组织结构的定义不同，有的认为组织结构作为一种控制机制与方法直接影响员工的态度与行为，并促进实现组织目标（Jaworski 和 Kohli，1993）；学者的研究主要着重在正式化、集权化组织结构与组织行为的关系，如 Jaworski 和 Kohli 指出正式化与集权化组织结构负向影响创新行为；其他学者探讨组织结构、组织策略与组织绩效具有密切关系，也是说当组织采取经营策略时一定要考虑到与组织的环境与组织结构的适合度。许多的研究认为有机式组织的主要组成元素可以促进组织的创新（Nicholson，1990）。机械式和有机式组织是连续带的两端（Damanpour，1991），有些学者尝试去找出介于两者之间的中间形式，在此状况下的组织创新是具有时间性特征（Damanpour 和 Evan，1990）。换句话说，组织可以区分为持续创新的有机式组织、持续无创新的机械式组织、以及间歇式创新（intermittently innovative）的中介性组织。这三种组织都各有其特性，尤其中介性组织具有高度的适应性以及高度的绩效。Damanpour（1991）指出低度的正式化组织较能激发出新的想法及应用，但 Demarest（1997）却有不同看法，认为公司可以制定工作规则及工作程序要求成员将隐性知识具体化成外显知识，正式化程度越高的组织也许会限制员工的工作行为，但是如果将创新的参与与执行以制度化的方式加以规范，则员工行为将会被引导成将创新活动视为其工作内容之一。

2.2.4　组织创新的模式及创新研究流派

Damanpour（1991）提出了组织创新的四种理论模式，分别是双内核模式、双边俱利模式、双内核与双边俱利模式、跨越式创新模式。（1）双内核模式。该模式重点是将组织创新分为管理创新与技术创新，组织成员的专业性会影响管理创新与技术创新。一般而言，技术与管理创新两者都会有助于组织绩效的提高。（2）双边俱利模式。该模式将组织创新区分为起始阶段与运行时间，强调机械组织有助于创新的执行，有机的组织形式可以促进创新的发起。（3）双内核与双边俱利模式。该模式将创新分为技术创新的起始阶段与管理创新的运行阶段，主张有机式组织有助于技术创新起始阶段，机械组织有助于管理创新的运行阶段。（4）跨越式创新模式。该模式是由 Hage（1980）提出，他假设如果能够组织中的优势联盟（dominant coalition）对于改变持有正面态度的话，再结合专家的全心投入，那么就能够促进跨越式的创新，包括两个重要的变量：对于改变的管理态度和技术相关知识的资源。

Wolfe（1994）在 Damanpour 之后整理了组织创新领域的文献资料，并归纳出三个研究流派：（1）创新的扩散，主要关心的问题是创新的行为是通过什么样的模式扩散出去的？在空间与时间轴上如何进行扩散？扩散的现象如何解释？速率如何预测？Rogers（1983）发现影响创新扩散的因素有采用者的特质、采用者所属的社会网络、创新的特性、环境的特质、和他人沟通有关创新的过程、推动创新者的特质等六个方面。（2）组织创新的影响因素，主要关心的重点是影响组织创新的决定因素究竟有哪些？这个研究流派是探讨个人、组织与环境的变量对组织创新造成的影响，将组织创新视为因变量。Wolfe 归纳后认为也许结构变量是影响组织创新的主要决定因素（Damanpour，1988）。因为是以变量观点来看待创新，导致创新过程中所发生的改变会被忽略，而且是以采用的决策为主，而非实行的状况（Radnor、Felle 和 Rogers，1978），换言之，采用不一定等于实行，这也是该流派的研究限制。（3）过程理论的研究，主要关心的重点是组织在实行创新的时候，要经过什么样的组织内部过程？创新是如何产生、发展、成长、或是终止的？过程理论的研究不像创新扩散或是组织的创新那样以变量的研究模式进行，而是将发展创新和实行创新的一系列临时性活动切割成不同的重点。相较于其他两种创新而言，创新过程的研究比较偏向质性研究（Rogers，1983；Van de Ven 和 Angle，1989）。

Wolfe（1994）所提出的三个流派备受后续学者的接受与采用，他明确地指出在组织创新的相关研究文献最一致的现象就是：所有的研究结果都不一致（Wolfe，1994），说明创新研究领域不但多样化，更缺乏单一的理论基础，这也是许多学者专家努力的目标。Read（2000）针对以往的文献进行探讨也同意 Wolfe 的看法，为了朝向单一的理论基础迈进，Read 以开放系统模式为组织创新研究的基础（Read，2000），将组织置于产业或是国家的情境脉络中，探讨组织创新的投入、转换、产出、反馈等，后续的研究又加上了混沌理论的概念，强调未来面对多元化竞争情境的组织将会变成一个具有敏感性的动态系统，具有非线性与无法预测的改变。

2.3　组织层次创新影响因素研究综述

组织创造力与创新成份理论（The componential of organizational creativity 和 innovation），延伸过去只从个人观点探讨创新能力所建立的模式（Amabile，1997），而是重新加入组织环境的构念，并建构出一个更完整的模式。组织创造力与创新成份理论的理论基础是：工作环境因素会影响个人及团队的创造力，同时个人及团队的创造产出是组织创新的来源。Damanpour（1991）指出创新的采用通常会对组织的绩效和效能有正面的贡献，他认为创新是一种改变组织的方法，同时组织的内外部环境都会对创新造成影响，这些影响可以分为个人、组织、以及环境等三类，其中组织部分是学者的研究最为关注的。有些学者还指出组织因素是影响组织创新的主要因素（Damanpour，1988，1991；Kim，1980；Kimberly 和 Evanisko，1981）。他们的研究中，提出了组织结构、过程、资源、文化等十三项因素，整理并探讨这些因素和组织创新之间的关系。

Romijn 和 Albaladejo（2002）更进一步提出创新能力的来源可分为两类，分别是来自于组织内部和组织外部的刺激。Crossan 和 Apaydin（2010）回顾过去 27 年出版的文献，综合创新的学术研究系统性地分析并归纳了创新的决定因素：组织领导、管理、作业过程，并以创新的过程和产出建构组织创新的构面。Robbins（2001）认为有下列四点会对创新能力有影响：（1）有机式组织结构有助于创新。有机式组织结构的垂直分工和较低程度集权化，使得组织有弹性，因此在进行创新时会比较容易。（2）领导者任期长短与领导模式与创新也有关联。同一位领导者任内由于组织成员已熟悉其既定模式，因而导致对创新的影响有限。（3）组织资源充足才有利于进行创新。组织因为资源充足才能负担失败的风险。（4）各单位间良好的沟通有利于组织创新。

Daft 是近代相当有名的组织理论学者，他在其著作《组织理论与设计》中首先就为组织理论的分析层级下了清楚的界定：组织理论的研究是以组织为主，组织外部的环境包括国家的影响和其他组织的影响等，都视为组织环境情境的影响因素；组织内部则包括团队以及个人两个层次。Daft 指出，个体行为不是组织理论的重点，这也是组织理论与组织行为不同之处。组织行为（organization behavior）是以微观的取向看待组织，着重在组织内部个体的分析，例如动机、领导风格、性格等的探讨，以及组织内部认知与情绪的差异。组织理论则是宏观取向，以整个组织为分析的单位，着重在由人所组成的部门和组织，以及它们之间结构差异的分析。组织行为是组织的心理学，组织理论则是组织的社会学（Daft，2001）。Daft（2001）利用两个构面来描述组织，他将组织构面分为结构维度（structural dimension）与情境维度（contextual dimension），结构维度描述组织内部的特征，可以用来测量和进行组织间的比较；情境维度则是描述影响并塑造结构维度的条件，包括组织目标、环境、科技、规模、文化等。

结构维度包括工作专业化、专门化、命令链、控制跨度、集权与分权、正规化。专业化是指员工受正式教育和训练的程度。如果员工需要受长期的训练才足以担负组织内的工作时，组织的专业化程度就高；反之，如果只需要受到简单和短期的训练，或是需要的教育程度不高就可以胜任组织内的工作，则专业化程度就低。专门化是指组织任务被分割或被分工成若干个不同种类的程度。如果专门化程度很高，那么组织中每个人所从事的工作范围就会狭窄，反之，如果专门化程度很低，则组织中的员工所从事的工作范围就很宽广，专门化有时也称为分工的程度。命令链是一种不间断的权力路线，从组织最高层扩展到最基层，澄清谁向谁报告工作。控制跨度是指管理者可以管理的员工数目，如果控制范围很狭窄，管理层级就高，反之，如果控制范围很宽广，则管理层级就低。集权化是指有权作决策的层级。如果决策权力集中在顶层，那么组织的集权化程度就高，反之，如果决策权力分散到较低的组织阶层，那么组织的集权化程度就越低。正式化是指组织内正式文件的数量多寡。所谓的文件包括程序、工作说明书、法规、政策等书面手册，用来描述组织中的行为和活动。

情境维度包括组织规模、科技、环境、目标与战略、文化等。组织规模就是指组织内人数的多寡，除了最常见的人数之外也有人用总资产或总销售量来代表。科技是指用来将输入转变成为输出所需的工具、技术和行动。环境因素包括组织外界所有的要素。一些关键性的要素包括产业、政府、顾客、供货商等。目标与战略是指有别于其他组织的目的与竞争技术。目标通常是组织想要达成的书面陈述；战略则是描述资源分配和活动的行动计划，目的在适应环境以及达成组织目标。目标和战略两者共同定义出组织营运的范围，以及组织和员工、顾客与竞争者彼此之间的关系。文化是指隐藏的并由员工所共享的一系列价值观、信念、认知、规范。组织文化为员工之间的结合提供一种接合剂，虽然组织文化并未形诸于文字，但是可以从组织内部流传的故事、标语口号仪式、服饰以及办公室配置等方面看得出来。

目前的研究结论表明，正式化的程度越高，组织创新的程度就越低（Aiken 和 Hage，1971；Pierce 和 Delbecq，1977）。组织专门化的程度越高，组织创新的程度就越高（Kimberly 和 Evanisko，1981）。组织集权化的程度越高，组织创新的程度就越低（Thompson，1965）；而组织内员工专业化的程度越高，组织创新的程度也就越高（Pierce 和 Delbecq，1977）；管理者所占的比越高越能够促进创新，因为创新的成功采用大多数仰赖于那些提供领导、支持和协调职能的管理者。许多学者对组织规模与组织创新之间关系的研究结论不太一致（Damanpour，1996）。例如，Kimberly 和 Evanisko（1981）、Nord 和 Tucker（1987）就认为组织越大，组织创新的程度就越高，因为组织越大，财务状况会比较宽松，拥有更多的营销技巧、研究能力、以及产品发展的经验，因而比较能够承受因为创新不成而蒙受的损失。然而也有一些学者经过实证研究发现，组织规模与组织创新之间的关系呈现负相关，他们认为大型组织的正式化程度通常都比较高，管理的行为比较标准化，弹性比较低，相较于小型组织而言要达到组织创新比较困难（Hitt，Hoskisson 和 Ireland，1990）。

由于以上这种不一致的现象，Damanpour 在 1996 年进行元分析，最后确认出组织规模与组织创新之间呈现正相关；Cesar 等在 2004 年也利用元分析研究方法，证实组织规模与组织创新之间呈现正相关（Cesar，Rafael，Mercedes 和 Montserrat，2004）。此外，经过多年的研究，学者已经确认组织文化对于组织有极其重要的影响，尤其对组织创新来说更有决定性的影响。总体上，本书认为 Read（2000）在其研究中较好地概括了组织创新的影响因素，如表 2 -1 和表 2 -2 所示。但从目前关于组织创新的发展情况来看，从结构维度对组织创新进行研究在前置因素方面所取得的突破还是较为有限，这或许是因为组织的结构维度的演化还较为稳定；相反，从情境维度进行组织创新的研究还与目前创新环境的发展存在较大的脱节。众所周知，组织创新的环境在近几年中的发展中日新月异，新的科技、环境、商业模式、文化等的变化层出不穷，而这些变化是组织创新活动的重要情境，因此，期待学者未来在情境维度方面做出更多的探索。

表 2 -1　　组织创新的影响因素

作者	MS	CF	CN	HR	TM	KN	LS	CD	SP	FS	CI	TE
Atuahene - Gima（1996）	X	X		X	X							
Balbontin 等（1999）	X	X	X				X	X				
Yamin 等（1999）												
Spivey 等（1997）	X	X	X	X	X							
Tang（1999）	X		X			X	X					
Sirilli 和 Evangelista（1998）		X										
Nobel 和 Birkinshaw（1998）												
Ozsomer 等（1997）									X	X		
Soderquist 等（1997）		X									X	
Cho（1996）			X	X	X					X		

续表

作者	MS	CF	CN	HR	TM	KN	LS	CD	SP	FS	CI	TE
Zhuang 等（1999）	X							X				
Kusunoki（1997）												
Hurley 和 Hult（1998）	X								X			
Keogh（1999）				X		X						
Muffatto 和 Panizzolo（1996）												
Subramanian 和 Nilakanta（1996）												
Shaw（1998）		X	X			X						
Birchall 等（1996）	X	X	X								X	
McGourty 等（1996）	X			X								
Zien 和 Buckler（1997）	X	X	X		X							
Totals	9	8	7	5	4	3	2	2	2	2	2	1

资料来源：Read, A.（2000）. Determinants of Success Organizational Innovation：A Review of Current Research. Journal of Management Practice, 3（1）, 95～119. pp106.

表 2－2　　Read 关于组织创新决定因素编码表

编码	说明
MS	管理者的支持，以树立一种创新的文化
CF	以顾客或市场为导向
CN	内在和外在的沟通和网络
HR	强调创新的人力资源战略
TM	团队与团队工作
KN	知识管理、发展与外包
LS	领导
CD	创造性的发展

续表

编码	说明
SP	战略的样态
FS	具有弹性的结构
CI	持续性的改善
TE	科技的采用

资料来源：Read，A.（2000）. Determinants of Success Organizational Innovation：A Review of Current Research. Journal of Management Practice，3（1），95～119. pp106.

2.4　组织层次创新研究的示例

2.4.1　联盟关系多样性对企业创新平衡模式的影响研究①

（1）研究问题提出

越来越多的研究逐渐认识到探索创新和利用创新的平衡对于组织而言非常重要，学者 Tushman 和 O'Reilly（1996）认为双元平衡模式可以为企业带来给更好的绩效。然而，双元创新平衡往往需要在结构、资源、领导、组织等多方面因素的配合，未必所有企业都能在同一时间进行探索行为与利用行为，于是有的企业还会选择间断平衡模式，即不同的阶段循环地使用探索创新与利用创新。事实上，尽管双元创新平衡与间断创新平衡有着理论上的区分，但是目前在实证研究方面，双元创新直接采用了截面数据加和或者截面数据相乘的方法来分析双元创新的平衡程度，这些研究在数据来源上并无法排除间断平衡模式的存在。因此，很

① 此处的部分内容发表于《科学学与科学技术管理》，2018（1）：107～117。

有必要在同一研究中有意识并典型性地选取两种不同的创新模式，并对比分析它们不同的影响机制。就影响因素而言，现有的研究已经表明联盟关系对创新绩效有着重要的影响，并且主要侧重于战略联盟的网络特质方面，然而近年来，有的学者认为联盟关系的多样性才是影响创新绩效的关键所在。因此，本书计划从联盟关系多样性的角度分析双元创新平衡与间断创新平衡两种不同模式的影响机制。

Cohen 和 Levinthal（1990）指出外部知识是组织创新过程中的关键要素，而战略联盟就是组织获取外部知识的重要途径，因此，战略联盟为成员企业创造出一个良好的组织学习平台和获取其他伙伴知识的最佳机会，鉴于现有的研究很少分析联盟关系的多样性对创新平衡的影响路径，本书还将探讨联盟关系多样性是否会通过外部知识获取进而影响双元创新平衡与间断创新平衡。此外，联盟企业之间具有合作或者竞争的性质，竞争与合作是复杂、动态而又看似矛盾的两种不同力量，当前联盟关系的研究基本上认为，企业之间竞争与合作的不平衡容易导致创新风险，并可能会减少竞争或者合作的潜在收益。竞合就是同时追求竞争与合作的行为，Ritala（2012）的研究表明联盟企业之间的竞合有利于促进创新绩效和市场绩效，但很少有研究分析联盟关系中的竞合对创新平衡的影响。因此，本书还将分析联盟关系的多样性在影响创新平衡模式的过程中，战略联盟内部的竞合在情境方面起到了调节作用。

(2) 文献回顾

①探索创新、利用创新及其平衡。March（1991）在组织学习理论背景下提出了探索行为与利用行为的分析架构，认为在高度不确定的动态环境下，探索新的可能性和开发旧的确定性是组织的重要能力。探索创新是指满足新的顾客与新的市场需求、发

展新的销售渠道，能为组织提供新的设计或者开拓新的市场机会等；利用创新则是指拓展组织已有的知识和技能、改善已有的设计或者提高生产和服务的效率等。探索创新与利用创新之间存在着某种程度的互斥关系，企业过分重视利用活动而排斥探索活动，就会产生结构上的惰性并导致组织僵化与能力陷阱，并降低对未来环境以及新机会的响应能力；另一方面，企业过度迷恋追求新的机会也可能导致创新迷思进而会放弃对已有能力的挖掘。事实上，顾客需求的持续变化以及竞争力量的此消彼长，要求企业在利用和改善已有能力的同时，还能够持续不断的致力于追寻新的机会和新的事业，企业需要对探索创新与利用创新进行兼顾与平衡，探索创新与利用创新的冲突可能使企业掉入加速探索或加速利用的陷阱之中。双元模式主张认为探索与利用可以在同一单元松散而又有机地实现共存，实现效率与适应力的统一（Gupta 等，2006）；间断平衡模式（Burgelman，2002）则认识到探索创新与利用创新的矛盾性，强调企业在不同阶段循环地进行探索创新与利用创新。然而，不管是创新的哪种平衡模式，都要受到内部资源禀赋条件和外部环境的影响，其中本书将探讨的联盟关系多样性就是实现创新平衡的重要影响因素。

②联盟关系多样性。战略联盟是组织与外部企业的一种联结形式，联盟关系的多样性是指焦点行动者在联盟关系中所联结的伙伴的多样性，其源自于焦点行动者与联盟伙伴之间的相似性或差异性，当焦点行动者具有越多的差异性联结，则就会有较高的联盟关系多样性。有的学者从信息与知识的角度定义联盟关系的差异性，认为如果联盟关系给焦点行动者能提供较多的异质性信息或知识，则该联盟关系的多样性越高。例如：Zaheer 和 Zaheer（1997）认为网络结构中的弱链接会使焦点行动者有较多的机会暴露在不同信息下，该研究是以多种弱联结数与结构洞的连结来

测量联盟关系的多样性。此外，还有学者将联盟伙伴所属的国籍与技术群组（Koka 和 Prescott，2002）、联盟伙伴在地理位置上的差异与联盟关系成员数（Goerzen 和 Beamish，2005）、所在的地理位置（Owen－Smith 和 Powell，2004）作为联盟关系多样性的重要内涵并对其进行测量。本书根据以往学者的研究，将联盟关系多样性定义为联盟关系随着规模的增加，焦点企业与不同产业、地区的伙伴直接联结在类别上的多样化程度。过去有关于联盟关系多样性的研究大多集中在联盟关系多样性对组织绩效的影响，有的研究表明联盟关系多样性对组织绩效的影响为正向（Beckmann 和 Haunschild，2002），但也有研究认为其对组织绩效的影响为曲线关系（Goerzen 和 Beamish，2005），此外，还有的研究则认为联盟关系多样性对组织绩效的影响会随着市场竞争环境而改变，不同的市场竞争环境会使得多样性的影响方向有所不同（Koka 和 Prescott，2002）。

（3）研究假设

①联盟关系的多样性与两种创新的平衡。联盟关系多样性会为组织带来异质性的知识和多元化的技术，而知识的异质性将有利于组织创意的产生与管理者创意潜能的激发（Rodan 和 Charles，2004）。如果焦点行动者与其联盟伙伴处于不同的技术群组或产业，则联盟伙伴能够提供差异化的生产、营销、研发等组织营运所需要的管理方式与技术。另外，当网络结构越趋多元，联盟关系将充满多样的异质性知识，Granovetter（1992）指出多样而异质性的知识可以让整个网络中的行动者较易发现环境中的新机会与资源，强化联盟关系内所有行动者对于创新机会的认知能力，进而有利于企业进行探索创新。在地理区域差异方面，Saxenian（1994）的研究表明组织与伙伴所在的地理区域不同，则联盟伙伴也会为组织带来差异性的管理方法与专业技术。

相反地，如果组织的联盟结构具有高度集中性，则组织与其他联盟成员之间知识的交流速度虽然较快，但却仍容易带来重复性的知识（Almeida 和 Kougt，1999），因而不利于企业的探索创新。另一方面，联盟关系的多样性也有利于利用创新，McGrath 等学者（1996）指出联盟关系的多样性所带来的多种知识有助于组织以及组织的管理者厘清复杂的创意过程，并降低组织在创意实施过程中犯错的机会，强化创意实施过程的效率与效能；Beckmann 和 Haunschild（2002）也指出多元的知识可以有效提升组织进行创新活动时的决策质量。综合上述，本书认为联盟关系的多样性将有利于探索创新与利用创新的平衡，并提出本章节的假设 1 和假设 2：

H1：联盟关系的多样性正向影响双元创新平衡。

H2：联盟关系的多样性正向影响间断创新平衡。

②外部知识获取的中介作用。战略联盟可有效增进组织获取外部知识的机会，Ahuja（2000）指出联盟关系内部的知识差异性主要来自于联盟关系的结构特性，而联盟关系的多样性就是影响组织知识差异性重要的结构特质。当组织与不同产业或不同地区的伙伴发生直接链接时，会为组织带来不同的信息、经验或知识，而当伙伴所属的产业类别数越多或者伙伴分布的地区越广时，则带来的差异性的知识将会越多元。Beckmann 和 Haunschild（2002）认为如果组织所具有的联盟结构是由不同经验的伙伴所组成，则联盟伙伴可提供多元的经验与知识，进而有利于学习和获取较多的知识。以往的研究也认为组织所的网络联结越多元，获取知识的机会就越广泛（McEvily 和 Zaheer，1999），因此，联盟关系不仅增加了组织外部知识获取的广度与深度，而且还会增加从外部知识获取时的速度。从信息分享的可能性和知识的保护程度来看，不同背景与经验的群体相对于背景与经验都

相同的群体而言，更有可能分享独特的信息，提升群体内个体获取知识的可能性与价值性。Inkpen（1998）指出组织从联盟伙伴中所获取的知识会受到联盟伙伴对于知识的保护程度的影响，伙伴对于知识保护的程度很高则不利于组织的知识获取。如果组织与其联盟伙伴都属于相同产业或位于相同的地区，则这样的联盟是一种具有高度竞争性的合作关系（Khanna 等，1998），高度相似的联盟关系下企业对其所具有的知识将会有较高的保护程度，进而限制了从联盟伙伴获取知识的程度。因此，联盟关系多样性对外部知识获取非常重要并会产生正向的影响作用。

组织创新的主要来源在于组织内部的知识累积，组织通过内隐或外显的知识交换与合并后产生新的知识，进而形成新的产品或服务。Nonaka 等（2003）指出除了自行研发外，是否有效地获取外部知识以及在此基础上新的知识创造是企业取得良好创新绩效的关键的影响因素。Leonard – Barton（1995）也认为企业知识创造过程所需要的知识在外部环境中发展得很完整时，外部知识获取比自行研发会更好。从联盟关系获取多样性的知识有助于企业不易错过重要的产品与技术信息，并以较好的方法进行知识的结合，推出新的产品与服务项目，因此，外部知识获取有助于组织的探索创新。此外，企业的创新活动是综合不同能力的结果，综合的过程就是通过既有知识与其他来源知识的合并，对现有知识进行的再次利用。Leonard – Barton（1995）指出取得的组织外部知识可有效增加组织内部知识的累积并强化既有知识的利用，Rodan 和 Galunic（2004）则以欧洲通讯公司的管理者为研究对象，指出组织高度的知识获取有助于组织例行性工作的执行与管理效率的强化。因此，外部知识获取还有助于企业的利用创新。综上，外部知识获取不仅有利于探索创新，而且还有利于利用创新，基于以上分析，我们认为外部知识获取在联盟关系多样性与创新的平衡之间具有中介作用，据此提出本章节的假设 3 和假设 4：

H3：外部知识获取在联盟关系多样性与双元创新平衡方面具有中介作用。

H4：外部知识获取在联盟关系多样性与间断创新平衡方面具有中介作用。

③组织之间竞合的调节作用。联盟企业之间的合作有助于企业之间的相互学习、知识交流以及信息的分析和处理水平。知识交流促使焦点企业对获得的信息形成更为综合的理解和广阔的视角（De Luca 和 Atuahene - Gima，2007），而知识的分析和处理则增加了知识基础的广度和深度，进而将知识转化为创新观点并纳入到新的产品和服务之中，促进了组织的探索创新。另一方面，从竞争的角度看，企业之间的竞争提高了新产品研发与技术创新的绩效（Gnyawali 和 Park，2011），竞争企业之间不同信息的整合有助于组织避免满足于现有的技术，进而促进企业的探索创新。因此，组织之间的竞合有助于探索创新。此外，联盟企业之间通过合作将不同的市场信息联结起来形成更为整合的信息，市场知识的采用则有助于焦点企业充分利用知识的总价值，联盟企业之间的合作还意味着企业之间频繁而紧密地互动，这种关系有助于增强知识的跨企业流动，并在新产品或者新服务的开发过程中整合企业的现有能力，从而促进了企业的利用创新。同时，联盟关系内的竞争还有助于联盟内的企业有着更为强烈的动机去了解与其他企业的可能行动，进而增加了信息共享的效率，高效的信息处理效率对于利用创新而言也是非常重要的（Jansen 等，2006）。因此，联盟关系内企业之间的竞合还有助于利用创新。基于以上分析，本书认为联盟企业之间既合作又竞争的关系有助于焦点企业通过联盟关系的多样性获得大量信息，分享彼此的最

佳实践和相关知识，不仅促进了企业的探索创新，还有利于促进企业的利用创新，由此提出本章节的假设5和假设6。

H5：竞合对联盟关系多样性与双元创新平衡的关系具有正向调节作用。

H6：竞合对联盟关系多样性与间断创新平衡的关系具有正向调节作用。

（4）研究程序与研究工具

①研究对象与程序。本书选择了七所高校的206名EMBA学员进行调查，这些学员均是所在企业的中高层管理人员，对于自身所在企业的情况比较了解。本书作者在2015年1月首次向这些学员解释本书的学术用途，说明该项研究可能需要持续两年的时间，每隔半年会有一次问卷调查，共会进行5期数据的调查，调查过程中始终不会涉及被调查对象及所在企业的任何利益，参与人员在整个过程中完全有自由在研究的任何阶段退出调查。在2015年1月、2015年7月、2016年1月、2016年7月和2017年1月，每次分别收回问卷206份、202份、200份、193份和195份，剔除无效问卷后最终获得172家企业5期的调查数据，被调查的企业涉及网络信息服务、化学化工以及汽车制造等领域。

②测量工具。本研究参考Goerzen和Beamish（2005）的测量方法，用联盟伙伴产业类别与联盟伙伴地区类别的多样性两项指标来衡量联盟关系多样性。联盟伙伴产业类别多样性的衡量方面，本书以国家统计局起草，国家质量监督检验检疫总局和国家标准化管理委员会发布的，并于2011年11月1日实施的行业分类为依据，包括分为农牧渔业、林业、工业等11个行业。联盟伙伴地区类别多样性的衡量方面，借鉴Gift等（2002）和Lynk（1995）以行政地理对联盟关系多样性的研究，将中国的34个省、直辖市、行政区以及国外的美国、加拿大、英国、法国、德

国、日本、韩国与其他等，作为评估联盟关系的分类依据。获得的类别数以赫芬达尔指数（Herfindahl – Hirschman Index）来进一步计算其多样性（Berry，1971），该指数的范围介于 0 和 1 之间，如果数值越接近 1 则代表多元化程度越高，反之则越低，其公式为：$D = 1 - \sum_{i=1}^{n} p_i^2$，其中 D 为联盟关系的（产业或地区）多样性；n 为类别数目；P_i为第 i 类项目所占比率。

探索创新与应用创新均采用 He 和 Wong（2004）开发的量表，探索创新包括“我们企业扩充新的生产线以满足新兴顾客的需求”等 5 个题项；应用创新包括“我们企业致力于改善现有产品的市场地位”等 5 个题项。外部知识获取是指焦点企业从联盟关系中所获取知识的丰富程度，并参考 Lyles 和 Salk（1996）、Norman（2004）的外部知识获取量表，最终形成的问卷包括“我们企业能从联盟内其他企业获取有关顾客的知识”等 7 个题项。此外，本书根据 Luo 等（2006）的定义，将战略联盟竞合分成联盟内竞争和联盟内合作两个构面，并参考他们开发的量表。联盟企业之间的合作包括“我们企业能从其他企业移转来的知识中吸收新的或有用的知识”等 6 个题项；联盟企业之间竞争包括“我们企业与战略伙伴之间经常为了有限的资源而进行竞争”等 10 个题项。

（5）假设检验

①相关分析及信效度检验。作者首先对本书 7 个变量的 5 期数据的描述性统计分析、相关分析和信度系数分析，如表 2 – 3 所示。相关系数的分析结果表明，联盟关系产业多样性、联盟关系地区多样性、外部知识获取、联盟内竞争、联盟内合作、探索创新行为、利用创新行为之间均具有显著的正相关关系。此外，各变量的 Cronbach α 系数的平均值在 0.73 ~ 0.94 之间，均不低

于可以接受的0.70，说明这些变量的信度是可以接受的。

表2-3　　各研究变量的相关系数和信度系数

变量	平均值	标准差	1	2	3	4	5	6	7
1 联盟关系产业多样性	0.18	0.61	--						
2 联盟关系地区多样性	0.34	0.25.	0.24**	--					
3 外部知识获取	4.23	1.72	0.13**	0.12**	(0.73)				
4 联盟内竞争	4.56	1.14	0.06**	0.19**	0.21**	(0.94)			
5 联盟内合作	5.32	0.98	0.20**	0.13**	0.13**	0.24**	(0.85)		
6 探索创新行为	4.90	2.26	0.14**	0.05**	0.07**	0.07**	0.16**	(0.92)	
7 利用创新行为	4.27	2.16	0.12**	0.17**	0.27**	0.18**	0.17**	0.19**	(0.91)

注：**P < .01；括号内数据是各研究变量在的内部一致性信度系数；

--指联盟关系多样性变量直接由公式计算得出，不存在信度系数。

根据Anderson和Gerbing（1988）的建议，因子载荷量的显著性检验结果可以评估测量模型的收敛效度，本书通过探索性因子分析发现所有问项的个别因子载荷量都达到0.5以上的显著水平，因此具有收敛效度。此外，本书将五因子模型与其他模型进行对比，结果显示五因子模型吻合较好，而且五因子模型要显著地优于其他模型的拟合优度，这就进一步表明本书的构念具有较好的区分效度，如表2-4所示。

表2-4　　各研究变量的区分效度分析表

变量	χ^2	RMSEA	NFI	RFI	GFI
五因子模型	245.932	0.043	0.942	0.956	0.963

续表

变量	χ^2	RMSEA	NFI	RFI	GFI
三因子模型：外部知识获取；联盟内竞争 + 联盟内合作；探索创新行为 + 利用创新行为	505.654	0.126	0.546	0.597	0.604
二因子模型：外部知识获取 + 联盟内竞争 + 联盟内合作；探索创新行为 + 利用创新行为	767.855	0.147	0.508	0.591	0.595
单因子模型：外部知识获取 + 联盟内竞争 + 联盟内合作 + 探索创新行为 + 利用创新行为	1123.879	0.165	0.457	0.502	0.466

②双元平衡与间断平衡的样本筛选。尽管以往学者提出了探索创新与利用创新之间实现平衡的不同模式，但是要具体确定一个企业是属于双元创新还是属于间断创新策略的确具有一定的挑战性。鉴于双元创新平衡同时包含两种不同创新的模式，本书将利用创新和探索创新作为两个正交变量，并用利用创新与探索创新之和来衡量双元创新（Cao 等，2010）。以往的研究表明，采用加和的方法合并多个变量所产生的信息损失比乘积的方法更低（Lubatkin 等，2006），本书首先将 2015 ~ 2017 年的各年探索创新与利用创新的调查值加总后，分别筛选出 27% 的高分组和 27% 的低分组，并进行独立样本 T 检验。高分组的企业被假定为同时进行了探索创新和利用创新，属于双元创新平衡模式。

Mudambi 和 Swift（2011）认为间断平衡创新模式的衡量可以根据研发支出的波动来进行观察，反映了组织在进行探索创新与利用创新之间的转换程度，其标准化残差的方法不会受到企业规模大小的影响。鉴于本书的研究对象属于非上市类公司，研发方面的支出往往属于企业的核心秘密，因此，本书将以探索创新的评价值替代研发支出，并利用 Mudambi 与 Swift（2011）的方法进行评估。首先，将前四期的探索创新作为自变量，第五期的探索创新为因变量作简单回归，算出四条回归残差项的标准差。接着，将通过以上步骤计算出来残差值进行标准化处理，即以各期的回归残差项除以当期的探索创新；然后，计算以上标准化残差的平均值，分别筛选出 27% 的高分组和 27% 的低分组并进行独立样本 T 检验。高分组的企业被假定为在探索创新和利用创新之间进行了最大程度的转换，属于间断创新平衡。

③回归模型分析。回归分析的结果表明，联盟关系的产业多样性和联盟关系的地区多样性对双元创新平衡的影响均达到显著水平（$r_{产业}=0.065$，$P<0.01$；$r_{地区}=0.103$，$P<0.01$），因此假设 1 得到验证。此外，联盟关系的产业多样性和联盟关系的地区多样性对间断创新平衡均没有显著影响（$r_{产业}=0.073$，$P>0.05$；$r_{地区}=0.006$，$P>0.05$），因此本章节的假设 2 没有得到验证，如表 2－5 所示。

表 2－5 联盟关系多样性对双元创新平衡的回归分析结果

自变量 \ 因变量	AI	PI	AI	PI	AI	PI
	第一步	第二步	第三步	第四步	第五步	第六步
员工规模	0.062*	0.023*	0.0121*	0.053*	0.066*	0.024*
资产规模	0.115	0.122*	0.199*	0.149*	0.113*	0.097*
所属行业	0.072	0.138	0.137	0.152	0.204	0.119
联盟关系产业多样性（ID）	0.065**	0.073			0.121	0.101
联盟关系地区多样性（RD）	0.103**	0.006			0.027	0.030

续表

自变量＼因变量	AI	PI	AI	PI	AI	PI
	第一步	第二步	第三步	第四步	第五步	第六步
联盟内竞争（Comp）			0.103	0.020 *	0.0123	0.035
联盟内合作（Coop）			0.148 **	0.034 *	0.199	0.149
联盟内的竞合（AC）			0.160 **	0.103 **	0.118 **	0.132 **
ID × AC					0.133	0.174 **
RD × AC					0.165	0.142 *
R2	0.399	0.572	0.534	0.458	0.671	0.578
F	31.026 ***	26.047 **	46.425 **	21.300 **	57.211 **	46.415 **

注：AI：双元创新平衡；PI：间断创新平衡；* p < .05；**p < .01。

鉴于联盟关系多样性对间断创新平衡的直接影响不存在，无法有效地运用 Baron 和 Kenny（1986）所提出的逐步法进行检验（该方法要求直接效益存在），因此，本书采用 Preacher 与 Hayes（2004）提出的 Bootstrap 方法进行间接路径的检验，采取了给定样本中有放回地重复取样以产生出许多样本，并将原始样本当作 Bootstrap 总体进行重复取样，得到类似于原始样本的 Bootstrap 样本（Wen，Marsh 和 Hau，2010）。因此，本书得到容量还是 172 的 Bootstrap 样本，并根据 SPSS 安装的 Process 插件的默认值，确定的抽样次数为 1000 次。检验结果表明，95% 的置信区间下四条中介路径的检验结果均没有包含 0，表明外部知识获取的中介效应均是显著的，因此，联盟关系多样性通过外部知识获取对双元创新平衡和间断创新平衡具有间接的影响，本书的假设 3 与假设 4 都得到验证，如表 2－6 所示。

表 2-6 时间压力对员工创新双元性的 Bootstrap 检验结果

中介路径	Effect	LL	UL
联盟关系产业多样性-->员工信息处理-->双元创新平衡	0.112	-0.185	-0.107
联盟关系地区多样性-->员工信息处理-->双元创新平衡	0.217	1.035	1.423
联盟关系产业多样性-->员工信息处理-->间断创新平衡	0.182	-0.203	-0.072
联盟关系地区多样性-->员工信息处理-->间断创新平衡	0.280	2.278	4.364

表 2-5 所示的回归分析的结果表明，当联盟关系产业多样性与联盟内竞合的乘积项、联盟关系地区多样性与联盟内竞合的乘积项分别进入回归方程时，结果表明两个交互项仅对间断创新平衡有影响显著（$r_{产业 \cdot 竞合}=0.174$，$P<0.01$；$r_{地区 \cdot 竞合}=0.142$，$P<0.05$），而对双元创新平衡没有影响（$r_{产业 \cdot 竞合}=0.133$，$P>0.05$；$r_{地区 \cdot 竞合}=0.165$，$P>0.05$），但考虑到联盟关系多样性对于间断创新平衡没有直接的影响作用，因此本章节的假设 5 和假设 6 都没有得到验证。

（6）研究结论

①联盟关系多样性对创新平衡的直接影响。过去网络镶嵌的研究认为企业所镶嵌的网络会影响组织行为及绩效等，Tiwana（2008）通过网络镶嵌的观点探讨了联盟成员之间直接连结状态以及企业所处的网络位置所带来的影响，当企业拥有良好的连结关系与有利的网络位置，便能够在所处的网络中有效取得资源进而获得优越的绩效。本书延伸了特质视角网络镶嵌理论，从联盟关系多样性的角度将其应用于创新平衡的研究。研究结论表明，除了战略联盟的网络特质外，联盟关系的多样性还是影响双元创

新平衡的重要因素，联盟关系的多样性能够让身处其中的联盟成员得以接触与交换彼此间不同的资源，这与 Powell 等（1996）的研究是一致的，即产业中具有不同体制、文化、产品周期、投入要素等差异，这些差异能激发企业以多元的观点思考新颖的想法，并激发企业产生有别于以往的思考模式以及作业程序，对于探索创新与利用创新的同时平衡有明显的提升效果。此外，本书的研究与关系学习的相关结论也是一致的，Selnes 和 Sallis（2003）认为关系学习从组织学习而来，它是一种改善组织间关系的流程，也为组织间的关系会带来利益与竞争力，组织间要学习如何扮演好伙伴的角色，但是本书则进一步延伸了关系学习理论，发现不仅关系质量而且关系的多样性对于双元创新具有重要的影响。

本书的研究还表明，联盟关系多样性对间断创新平衡没有影响作用，这可能意味着并非所有从网络关系所得到知识都能有效地在间断创新过程中得到运用，联盟关系越多元，也意味合作伙伴与焦点企业的异质性越高。然而，根据间断平衡理论的特征，存在于产业或是技术变革中的间断平衡创新模式，其探索创新与利用创新会有先后的顺序，当企业技术不足以应付环境需求时可进行探索性创新以增加市场竞争力；而当企业在技术到达一定的成熟后，将原有的产品或技术加以改良及调整，利用创新便会为企业带来更多的利益。因此，相对双元创新而言，从战略联盟那里获得的新的知识和技术，如何在创新的不同阶段发挥作用攸关间断创新的成功与否，甚至有时联盟关系的异质性知识会超过企业探索或者利用各自阶段的吸收程度，此时异质性反而可能会干扰间断创新平衡的正常节奏，甚至会造成负向的影响。为了解决这一问题，建立专属联盟管理机制专门处理与合作相关事宜，整合与协调联盟中学习到的新知识，有选择地将其他企业的实务内化为间断创新平衡不同阶段所需的知识。

②外部知识获取的中介作用。本书的研究表明，尽管联盟关系的多样性对间断创新平衡没有直接影响，但是联盟关系多样性可以通过外部知识获取对两种创新平衡产生间接影响。Beckman和Haunschild（2002）认为在探讨联盟关系多样性时，除应强调焦点行动者与其他行动者之间的直接利益外，也需要考虑联盟关系为焦点行动者在信息与知识方面所带来的利益。本书的研究与Wang和Hsu（2014）的结论也是相似的，即企业不论是发展双元创新能力，或是针对探索创新与利用创新各自分别发展时，许多外部资源必须通过网络成员彼此分享信息、共同理解问题以及整合彼此记忆，才能有助于创新更加快速且顺利的发展。企业为了实现探索创新与利用创新的平衡发展，因此，不管是改善现有产品质量、提高产量、提升市场地位以及满足市场需求的利用创新，还是持续开发新技术、发展新兴市场、改变现有生产流程技术的探索创新，多种多样的联盟关系就提供了获取外部知识的通道，为不同类型的创新活动提供了丰富的知识。此外，不管两种创新是同时的还是间断的，都需要网络成员间的相互配合与技术支持，企业应该在适应外在环境的过程中，需要将自身置于多样化的产业网络之中，或者同其他地区的伙伴建立多样化的联系，在信息、资源及技术方面获取不同类型联盟成员的支持。

具体而言，联盟关系多样性可以通过外部知识获取对双元创新平衡产生间接影响。Koka和Prescott（2002）的研究也提出，当企业加入多元的技术群组时，群组中所揭露的知识与技术有助于补足企业在研发、生产、销售等方面的不足。此外，本书的研究结论与Powell等（1996）的观点是一致的，即企业能从战略联盟中获取所欠缺的知识与资源，并通过网络关系获得创新来源，当联结到的焦点单位越多样时，企业就越能从多样关系中萃取出创新所需要的知识，从而为双元创新提供必要的条件。就间断创新平衡过程而言，联盟关系的多样性能够使企业自身的能力发挥最大的效用，并有利于找寻崭新的经营实务，多样化的联盟关系带给企业的异质性知识，不仅是探索创新而且还是利用创新所必需的，鉴于本书并没有区分探索创新所需知识和利用创新所需知识，因此战略联盟的多样性在总体上还是会增加创新所需要的知识总量，这将有助于企业提升创新决策的品质，特别是能接触到多元化信息的企业可以游刃有余地选择并获取所需要的信息，进而协助决策者思考与判断何时做出不同创新模式的转换，使得间断平衡模式能够发展的更好。

③联盟内部竞合的调节作用。竞合的联盟伙伴关系可视为一场“学习竞赛”，已有研究并没有深入讨论竞赛对于创新开展方式的影响。本书的研究结果发现，竞合策略使得企业在面临多样化联盟关系的时候不容易促进双元创新，该结论与 Strese 等（2016）的研究结论存在差异，所不同的是 Strese 等关注的是组织内部职能之间的竞合与双元创新问题，事实上企业之间竞合对双元创新的影响不同于部门之间的竞合对双元创新的影响，企业内的对抗和冲突相对于企业之间的竞合而言不会很极端，而联盟内部企业之间的竞争激烈程度远非职能部门所能比。既有文献对探索创新与利用创新能否并存的问题一直存在争议（March，1996），本书发现，联盟关系的多样性与竞合特质是无法促使探索创新与利用创新并存，联盟伙伴间的学习竞赛主要通过竞争方式来开展，该结果进一步细化和完善了竞合关系中创新行为的理论，本书的研究结论不仅支持了 March 的观点，并且提供了竞合关系的情境下双元创新平衡存在障碍的经验证据，这也可能是因为企业在强烈的竞争压力和风险感知下，其知识开放意愿受到明显抑制，并导致更深层次的知识整合与再创造很难开展。因此，

联盟关系的竞合情境可能是组织双元创新的阻碍因素，此时，企业可采取间断平衡或者跨组织边界平衡的方式，或者为了实现双元创新平衡有必要更多地强调合作而非竞争。

本书的研究结论还表明，尽管联盟关系的多样性对间断创新平衡没有显著的影响，但是联盟关系多样性与联盟内部竞合的交互项对间断创新平衡有显著的影响，也说明联盟内部的竞合与联盟关系均高的情境下有助于促进间断创新平衡。战略联盟成员之间不仅是一种合作关系，还会有竞争关系，竞争关系将意味着明显的市场信号，企业会根据市场竞争的激烈程度以及市场内竞争对手的策略选择，灵活而循环地在探索创新和利用创新之间进行选择，因此在竞争程度比较高的情境下，企业将更倾向于不断地变换创新策略。与此同时，战略联盟中合作属性则催生了组织之间的跨边界探索创新与利用创新平衡，战略企业在动态竞争环境下利用相互的合作水平协调联盟成员的探索创新与利用创新。战略联盟内部关于共同目标和利益追求的竞争过程将激励联盟成员进行协调，跨边界的合作协调了联盟内探索创新与利用创新的共同发展。本书这一结论也回应了 Owen - Smith 和 Powell（2004）的研究，即产业间的异质性就能提供企业创新需求的来源，为了响应不同程度的竞合和符合不同顾客的需求，企业的经营方式需要根据产业结构、竞争者、客户等各种因素的影响而建立不同的经营体制，这也客观上为探索创新与利用创新的动态转换提供了条件。

2.4.2 正式与非正式的环境规制对企业绿色创新的影响研究①

随着 2015 年新环保法的实施，环境规制将越来越严格，企

① 此处的部分内容发表于：《软科学》，2016，30（8）：47～51.

业的防污投资和运营成本也会大幅提高。在利润最大化的考虑下，企业需要在守法成本、缴纳罚款和社区压力之间进行决策。有的企业在遵循政府环境规制的同时，甚至还会在具体行为上有所改变并从政府规制中取得竞争力与获利能力。正式的环境规制到底是促进还是阻碍了企业创新，一直以来多有争论（Katz，2007；Prieger，2002；Gann，Wang 和 Hawkins，1998）。事实上，政府规制的严格或者宽松是被规制者的主观认知，尤其是高层管理人员对政府规制强度的感受将影响到他们使用何种策略应对，进而影响到组织创新的意愿与程度。Clemens，Bamford 和 Douglas（2008）的研究也认为企业高层经理对规制影响程度的认知不同时，会使用不同层次的策略来响应环境规制的要求。因此，本书认为将有必要运用组织行为学的理论，从认知层面分析正式环境规制对企业绿色创新的影响机制。

另一方面，即使政府的正式规制力量存在，民间社会团体与社区居民的力量也不容忽视。民间社会对于环境的质量与保护有着各种形式的表达和诉求，与政府的正式环境规制相辅相成，它们共同监督污染防治成效。过去十几年来，民众在环保事件的表现出的抗争中从未间断，这些非正式的环境规制已经在事实上影响到政府和企业的决策过程。例如，2013 年公众对中核龙湾工业园项目的反对，2015 年广东罗定群众对建设垃圾焚烧厂的抗议等，当地居民通过抗议、投诉、要求赔偿等多种形式进行抗争，制造压力和争取社会舆论的重视来和企业进行谈判，以达到要求企业改善和减少污染的目的。因此，探讨非正式的环境规制对企业绿色创新的影响不仅可以了解我国目前非正式规制力量是否存在及影响程度的大小，还可以为政府平衡使用正式与非正式规制两种力量而提供理论支持。

（1）文献回顾

正式环境规制是政策部门为改善环境品质而制定的规范，是通过公权力来达到减少环境污染的目的，包括制定废气废水的排放标准、设立定点环保监视系统、定期或不定期的环保稽查、生产技术标准的制定、污染税的征收等。针对正式环境规制对企业创新的影响这一问题，存在着两种论点。较早期的传统观点认为过度的规制会阻碍企业组织创新的进行，这些学者的理由是环境规制会提高企业的成本，包括需要新增收入用于污染的治理与预防，或是调整生产，将生产要素从现有盈利性用途中转移出来而导致成本的提高，在资源已得到充分利用的情况下，环境规制的实施必然会减少企业的盈利空间，进而削弱企业的创新能力。另外一观点是环境规制会促使组织的绿色创新，这些学者认为设计出逐步改进的规制有利于鼓励创新，给予企业宽裕且明确的改进方向及期限，有助于企业研发并改进绿色科技（Porter 和 Linde，1995）。

相对于正式的环境规制，社区居民对环境损害的申诉和控告、民众对环境污染的抗争、环保团体和社会舆论的压力、拒买企业产品等，都是非正式的环境规制，是政府体制之外对企业的经营活动无法忽视的监督力量。近年来，许多学者认为正式环境规制有时也会因为市场因素或经济规模因素的考虑，使得正式环境规制的成效不明显，例如不易找到替代能源或替代能源价格比较昂贵，目标利润最大化的企业可能宁可缴交污染税或进行污染许可交易，也不调整生产模式与设备。一些发展中国家不论是在环保经费还是人员配置方面，都容易导致正式规制实施上的局限性。因此，非正式的环境规制有时反而比正式规制更具有价值，当正式规制效果不明显时，非正式的环境规制提供了另一个渠道促使企业重视污染防治。非正式的环境规制对企业的污染行为产生压力，是企业在生产过程中除了一般生产要素以外的另一资源要素。

为了维持企业的获利、成长以及响应环境利益相关者的压力，企业不得不进行环保工作，并从事产品、流程与服务的创新，进而提升绿色创新绩效，以求能在未来的环保趋势中赢得先机。Berry 和 Rondinelli（1998）强调积极主动的企业环境管理，企业可事先预期环境对经营所造成的冲击，采取对策来减少污染和对环境的负面影响，在日益严格的环保法规下，企业还可以利用新的绿色科技保护自己并增进企业形象，对政府和利益相关者有做出正面的回应，发展新的市场机会。绿色创新一词在过去并无统一的定义，国内外有多位学者曾以不同的角度提出不一样的观点及看法。本书归纳国内外学者的定义，将绿色创新定义为：企业进行具体的环境管理措施，包括能够节省能源与资源的产品设计、生产方法、流程与管理等方面的环保创新。企业只要能做到微幅的环保改善，或是小幅度的环保创新与修改，降低生产活动对环境所带来的伤害，减少环境污染的程度，均可称之为绿色创新。

（2）模型与假设

①正式与非正式的环境规制对企业绿色创新的直接影响。正式环境规制对绿色创新的影响要受到多种因素的影响。Wang 和 Wheeler（2000）认为发展中国家环境规制政策的实行和当地经济发展、实际的环境品质有很强的关联。就目前而言，中国正在从改革开放后的第一个高速发展期向平稳期过渡，未来中国的发展速度不可能永远高速，中国步入平稳期后要在强国的竞争中胜出必须另辟蹊径。中国的经济发展模式比较粗放而且环境领域的牺牲巨大，有些地方为了发展经济一定程度上忽视甚至默许了对于环境的破坏。十八大报告突出生态文明概念，并提倡一种新的、可持续的、经济发展与环境平衡兼顾的发展模式。因此，政

府将会以各种形式鼓励和支持企业的创新发展模式，政府运用权力或者法令可以改变企业所处的环境情境，采取各种制度或者措施有利于企业加装污染处理设备或者改善整个生产流程，流程的改变将减少能源的损耗，提高产品品质或开发新型产品，进而产生绿色创新的效果。此外，企业自身也有进行绿色创新的内在动机，Hart（1995）通过对企业生态持续竞争策略的研究认为，企业可以通过污染预防来降低生产成本或者经由产品管理来取得竞争上的领先地位。基于以上分析，提出本章节的假设1：

H1：政府的正式环境规制对绿色创新有正向的影响作用。

正式环境规制表现为行政主体直接的命令与控制，但当政府传统的环境规制措施无法满足民众对于环境保护的要求时，就可能引发民众对污染企业的环境抗争，而这些抗争的方式就可能对企业的防污计划、投资方向、经营政策等产生重大影响。Henriques 和 Sadorsky（1996，1999）基于西方社会的调查研究发现，邻近居民和社群团体的环境关切与公司从事环保规划呈现正相关。当污染损害增加时，社区会以自我利益为考虑来提高供给污染工厂的资源价格，而生产企业在预期变相处罚提高时，也会找到减少资源需求的方法（Pargal 和 Wheeler，1996），资源需求的减少进而产生绿色创新的效果。Blackman 和 Bannister（1998）的研究显示，即使新技术会提高生产成本，企业仍可能采用较干净的技术，并且当地私人组织所形成的社区压力会对企业是否采纳干净技术产生影响。Wang（2000）以中国工厂为调查对象的研究结论也表明，社区压力和征收污染税对企业污染控制而言同样是很强的诱因，社区压力对污染的排放有显著的负向影响效果。近年来，我国政府公布了庞大的治污计划，伴随着民众法制意识的不断提高，非正式环境规制是未来污染治理中不可忽视的社会力量，社会组织将以更加灵活的方式对企业生产流程或者能源损耗施加影响。基于以上分析，提出本章节的假设2：

H2：非正式环境规制对绿色创新有正向的影响作用。

②企业宽裕资源的调节机制。过去有关环境规制对创新影响的研究并未涉及资源有关的因素。事实上，企业创新过程中常常被资源因素所约束，企业的经营活动往往需要根据资源的不同而有所调整。企业宽裕资源是指现有的资源超出了维持正常且有效率营运所必要的程度（Bourgeois，1981）。宽裕资源是实际或潜在资源的缓冲器，有助于组织灵活地适应内部与外部压力并调整管理策略，可防止巨大改变对组织所造成的伤害，而且还能够使管理者增强改变策略的动机以及提供策略改变过程中所需要的资源。宽裕资源包含了过剩的技能、剩余的产能以及非必需的资金，甚至包含一些尚未利用但可以增加产出的机会，是基于生存、效率、发展及永续经营等理念所建构的物资、人力及财务等生产要素。由过去的研究可知，企业宽裕资源普遍会影响风险承担（Steensma 和 Corley，2001），组织的宽裕资源有助于企业在与经营环境互动时表现得更为大胆，或者愿意接受较大的风险，并拥有更多安全的机会来测试新的策略。组织的宽裕资源还有助于企业在任务的完成过程中拥有较大的发挥空间并能应付自如变化。因此，宽裕资源较多的的企业在面临正式与非正式的环境规制时表现得更为灵活，进而有利于形成更多的绿色创新。而相反，宽裕资源较少的企业更加注重成本，正式与非正式的环境规制不但不能转化为具有附加价值的绩效，反而会在组织策略上更加保守，从而不利于企业进行绿色创新。基于以上分析，提出本章节的假设3：

H3：企业宽裕资源对环境规制与绿色创新之间关系有显著的正向调节效果。

H3a：企业宽裕资源对正式环境规制与绿色创新之间关系有

显著的正向调节效果。即企业宽裕资源越多，正式环境规制对绿色创新的正向影响越大；企业宽裕资源越少，正式环境规制对绿色创新的正向影响越小。

H3b：企业宽裕资源对非正式环境规制与绿色创新之间关系有显著的正向调节效果。即企业宽裕资源越多，非正式环境规制对绿色创新的正向影响越大；企业宽裕资源越少，非正式环境规制对绿色创新的正向影响越小。

③组织知识惯性的调节机制。以往有关环境规制与创新之间关系的研究更多地是从成本或者经济视角进行分析，而相对忽视了组织内在的知识结构与运行特征。而事实上，组织在绿色创新策略的选择过程中，还要受到组织原有惯例的约束和制约。长期的惯例会形成组织惯性（Feldman 和 Pentland，2003），由于时间及经验的累积，组织经常偏好过去的管理行为并采取稳定的运作方式，当面临外在环境的改变时往往无法有效地响应，甚至出现拒抗变革的情况（Hannan 和 Freeman，1984）。后来有学者根据组织的这种特质并将物理的惯性定律应用于知识管理中，认为组织在解决问题时会偏好使用过去的例行程序，僵化的知识以及过去的经验（Liao，2002），并将其称之为知识惯性。本书将组织知识惯性定义为组织在学习、思维与解决问题的过程中会受到过去知识与经验影响的程度。知识惯性作为一种定型化的思考方式，企业会依其所拥有的习惯和思考方式来解决问题。知识惯性使得企业失去了学习环保政策和开发新的环保设备的机会，并且不会尝试解决问题的不同方法或者改变旧的思维方式，而仅仅集中在企业的成本与财务绩效方面。Burgelman（1991）的研究显示组织惯性会影响创新行为与科技的采用。Liao（2002）的研究也表明知识惯性高的企业会在外在行为上表现为拒绝学习与墨守成规。因此，企业在面对正式与非正式的环境规制时，会因知识

惯性的存在而对绿色创新产生阻碍的消极作用。基于以上分析提出本章节的假设4：

H4：组织知识惯性对环境规制与绿色创新之间关系有显著的负向调节效果。

H4a：组织知识惯性对正式环境规制与绿色创新之间的关系有显著的负向调节效果。即组织知识惯性越大，正式环境规制对绿色创新的正向影响越小；组织知识惯性越小，环境规制对绿色创新的正向影响越大。

H4b：组织知识惯性对非正式环境规制与绿色创新之间的关系有显著的负向调节效果。即组织知识惯性越大，非正式环境规制对绿色创新的正向影响越小；组织知识惯性越小，非正式环境规制对绿色创新的正向影响越大。

综合以上分析，本书提出以下的研究框架，如图2-3所示。

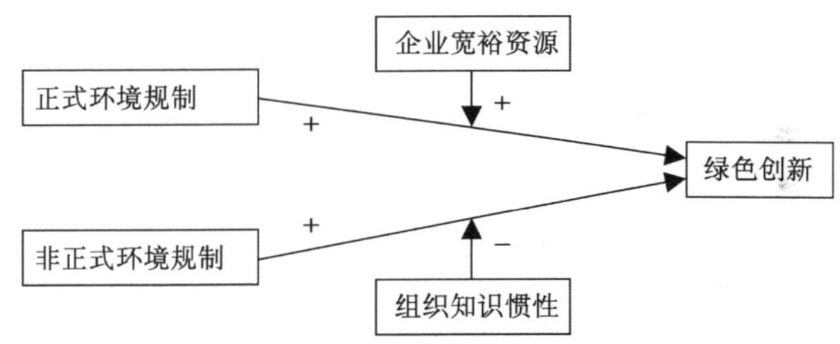

图2-3　正式与非正式的环境规制对绿色创新的影响模型

（3）研究设计

①样本的选取和数据收集。本书的研究数据来自于96家生物科技企业，包括制药、医疗器材、生技医药品、食品生物技术、农业生物技术、环境生物技术等不同行业。本次研究的调研对象企业的中高层管理者，对同一企业不同管理者填写的问卷数据进行汇总加工后再进行企业层面的数据分析。本书共发放问卷

827 份，回收 771 份，剔除掉无效问卷之后，有效问卷共 765 份，有效回收率约 92.50%，被调查管理人员的人口统计学特征如表 2-7 所示。

表 2-7　　被调查管理人员的人口统计学特征

变量	指标	数量（人）	百分比（%）	变量	指标	数量（人）	百分比（%）
性别	男性	601	78.56	婚姻状况	已婚	650	84.97
	女性	143	18.69		未婚	101	13.33
	缺失值	21	2.75		缺失值	14	1.70
年龄	35 岁以下	95	12.42	教育程度	大专及以下	13	1.70
	36~45 岁	320	41.83		本科	560	73.20
	46~55 岁	221	28.89		硕士	167	21.83
	56 岁以上	109	14.25		博士	16	2.09
	缺失值	20	2.61		缺失值	9	1.18

②变量测量。正式环境规制的相关规定包括排放许可制度、环境影响评估制度、遵守排放标准以及有害物质的要求、流程或产品质量标准、废弃物处理、污染控制等规制。本书参考 Spulber（1989）和 OECD（2001）的研究量变并进行修改，最终包括“政府主管机关对公司排放的废水、废水或者固态废弃物所进行的规制强度如何”“政府主管机关对公司环境安全所进行的规制强度如何”等 6 个题项。

本书将非正式环境规制操作化为管理者对社区等利益相关者有关环境的诉求所感知的压力。在参考 Blackman 和 Bannister（1998）研究成果的基础上进行了编制。最终量变包括“社区对环保的关注影响到企业经营的程度”“消费者对环保的关注影响到企业经营的程度”等 7 个题项。

绿色创新是指企业进行相关的环境管理措施，能够节省能源与资源的产品设计、生产方法、流程与管理等方面的环保创新。根据 Shrivastava 等人（1995）的研究加以修改并归纳整合成本书的研究量表，包括“公司进行产品设计时，会选择对环境污染最少的材质”“公司会采用能减少有害物质或废弃物排放的生产流程”等 10 个题项。

企业宽裕资源主要衡量企业现有的资源超出了维持正常且有效率营运所必要的程度。本书参考了最早提出该理论的 Cyert 和 March（1963），以及 Wiseman 和 Bromiley（1996）等人的观点，问项包括“企业的人力配置足以应对目前业务内容的需要”“企业的配备的硬件设施已足以应付目前业务的需要”等 8 个条款。

组织知识惯性主要测量企业在解决问题的过程中受到过去知识与经验的惯性影响的程度。本书采用 Liao（2008）的研究量表，包括“企业习惯使用相同的渠道得到新知识”“即使学习了新观念，也很难改变我们企业原有的想法与行为（反）”等 12 个问项。

（4）数据分析与结果

①相关分析及信效度检验。从表 2－8 的分析结果可以看出，各研究变量的 Cronbach'st α 系数在 0.741 与 0.957 之间，均大于可以接受的 0.70，因此，本书研究变量的信度再可接受范围之内。相关分析显示，绿色创新与正式环境规制、非正式环境规制以及企业宽裕资源正向相关，而与组织知识惯性负向相关。

表 2－8　各研究变量的平均数、标准差、相关系数和信度系数

变量	平均数	标准差	1	2	3	4	5
1 正式环境规制	3.364	0.661	(0.831)				
2 非正式环境规制	3.187	0.547	0.162**	(0.741)			

续表

变量	平均数	标准差	1	2	3	4	5
3 绿色创新	3.026	0.429	0.396**	0.246**	(0.957)		
4 企业宽裕资源	3.694	0.522	-0.244**	-0.332**	0.313**	(0.812)	
5 组织知识惯性	3.649	0.401	0.308**	0.077**	-0.452**	0.035**	(0.823)

注：+ $P < 0.1$，* $P < 0.05$，** $P < 0.01$，*** $P < 0.001$；括号内数据是各变量的信度系数。

本书运用软件 lisrel8.70 进行验证性因子的分析，结果表明 GFI、NFI、CFI、IFI、RFI 等指标值均大于 0.8，RMSEA 值也小于 0.1，因此，本书的测量模型拟合程度可以接受，所采用的量表总体上具有一定的构念效度，如表 2-9 所示。

表 2-9　　各研究变量的验证性因子分析结果

变量＼指标值	GFI	NFI	CFI	RFI	RMSEA
正式环境规制	0.96	0.95	0.96	0.96	0.061
非正式环境规制	0.94	0.94	0.96	0.97	0.078
绿色创新	0.85	0.88	0.90	0.91	0.093
企业宽裕资源	0.99	0.99	0.99	0.99	0.031
组织知识惯性	0.81	0.84	0.88	0.90	0.096

②假设检验。由于本书的研究概念都是组织层次，本书将对一个企业内不同管理人员的数据进行加总平均的方法来反映企业特征，但是组织层次数据产生之前必须先检查管理人员填答的内部一致性，本书通过指标 Rwg 来加以判定。通过计算，正式环境规制、非正式环境规制、绿色创新、企业宽裕资源、组织知识

惯性的组内一致性的平均值分别为 0.975、0.984、0.951, 0.897 和 0. 938,而一般认为当 Rwg 的均值大于或等于 0.70 时,就表明企业高层管理人员内部就某一变量的一致程度是可以接受的(James、Demaree 和 Wolf, 1993)。

本书对研究假设的检验分为三个步骤。第一步是将控制变量、正式环境规制、非正式环境规制放入回归方程。结果表明正式环境规制对绿色创新的回归系数分别为 0.235($P < 0.01$),而非正式环境规制对绿色创新的回归系数分别为 0.113($P < 0.05$)。因此,假设 1 和假设 2 得到验证。第二步是将企业宽裕资源和组织知识惯性加入回归方程,企业宽裕资源对绿色创新的影响系数均大于 0($P < 0.05$),说明企业宽裕资源对绿色创新具有正向影响作用。组织知识惯性对绿色创新的影响系数小于 0($P < 0.01$),说明组织知识惯性对绿色创新具有负向影响作用。第三步是将正式环境规制、非正式环境规制各自与企业宽裕资源的交互项进入回归方程,结果发现企业宽裕资源在正式环境规制与绿色创新之间的关系存在正向调节作用($\beta_{正式} = 0.181$, $P < 0.01$),这就意味着企业宽裕资源强化了正式环境规制和绿色创新之间的正向关系,而企业宽裕资源在非正式环境规制与绿色创新之间的关系不存在调节作用($\beta_{非正式} = 0.045$, $P > 0.05$)。因此,假设 3 得到部分验证。第四步是将正式环境规制、非正式环境规制各自与组织知识惯性的交互项进入回归方程,结果发现组织知识惯性在正式与非正式环境规制与绿色创新之间的关系均存在负向调节作用($\beta_{正式} = -0.237$, $P < 0.01$; $\beta_{非正式} = -0.175$, $P < 0.01$)。这就意味着组织知识惯性缓和了正式环境规制与非正式环境规制与绿色创新之间的正向关系。因此,本章节的假设 4 得到验证,如表 2-10 所示。

表 2-10　正式与非正式的环境规制对企业绿色创新影响的假设检验

被解释变量 解释变量	企业绿色创新			
	第一步	第二步	第三步	第四步
企业资产规模	-0. 105	0. 028	0. 203	-0. 121
企业员工规模	0. 017*	0. 037	0. 065	0. 093
企业成立时间	-0. 103	-0. 033*	-0. 146	-0. 223*
企业所在行业类型	0. 160*	0. 043	0. 208	0. 174
正式环境规制	0. 235**	0. 072**	0. 184**	0. 192**
非正式环境规制	0. 113*	0. 106**	0. 153**	0. 058*
企业宽裕资源		0. 124*	0. 145*	0. 211*
组织知识惯性		-0. 225**		
正式环境规制 × 企业宽裕资源			0. 181**	
非正式环境规制 × 企业宽裕资源			0. 045	-0. 237**
正式环境规制 × 组织知识惯性				-0. 175**
非正式环境规制 × 组织知识惯性				
R2	0. 272	0. 304	0. 212	0. 422
⊿ R2	0. 185	0. 223	0. 149	0. 370
F 值	26. 386***	32. 283***	19. 146***	47. 431**

注：* P < 0. 05，**P < 0. 01，***P < 0. 001。

（5）研究结论

本书的研究结果表明：在我国的社会环境下，正式的环境规制对绿色创新具有较好的解释力，该结论也回应了过去许多文献的主张。例如，Abernathy 和 Utterback（1978）就曾认为，汽车废气排放的规制规定会让工程师为了符合规制要求而导入新的仪器、零件和设备，进而形成技术、产品或者流程方面的创新。Bansal 和 Roth（2000）的研究也认为，公司会因竞争性的动机而主动地发展亲近生态的流程与产品创新，并强化其在市场上的位置。Porter（1991）以及 Porter 和 Linde（1995）等学者更是认为严格的环境规制能够引导创新，并且随着企业的技术进步，将促使调整生产程序，利用新技术与新流程，使生产过程增加效率并减少浪费。当然，曾有学者认为由于发展中国家的执法单位大多有经费预算的限制，导致正式规制的执行效果不明显，企业不守法的情形相当地普遍（Laplante 和 Riletone，1996；Nadeau，1997），但本书研究结论表明我国的情况并非如此，正式的环境规制不再是企业眼中的绊脚石，而是扮演着推波助澜的角色，正式环境规制不仅有助于我国环境品质的改善，更对企业的绿色创新绩效提升有明显的帮助。因此，环境规制越严格，企业将在改善污染的过程中更能审视生产流程或是更有效利用资源，或是改进生产流程与产品品质。

本书的研究结果还表明，我国非正式的环境规制对绿色创新也有较好的解释力，这也符合我国目前日益活跃的非正式规制现状。Wang（2000）曾经运用我国 177 家企业有机污染物的数据，研究非正式环境规制压力对企业排放水污染物行为的影响，研究结果发现在加入非正式规制变量后，整体模型估计结果并无太大改变，非正式规制变量也不显著。Dasgupta 和 Wheeler（1997）以中国各省数据为样本的研究也曾表明，民众的污染投诉案件与水污染排放量的关系并不显著，社区压力对厂商污染排放行为的影响也不够明显。鉴于以上两篇文献的研究都是基于上世纪的调研数据，在此后的近十几年内关于非正式环境规制的研究较少，而本书认为非正式的环境规制对绿色创新具有显著影响，这将证明了我国非正式环境规制力量在过去几十年的变化，即民众环保意识逐渐高涨以及厂商对民众环保意见的重视。本书的结论还表明非正式的环境规制对绿色创新的影响要小于正式环境规制，这就说明我国目前的非正式环境规制力量仍属微弱，未来我国环境的保护与监督不能再只是单独依赖政府的力量与环保团体的抗争与协商，而是通过四面八方不同社会团体和社区参与，发出更多不同的意见与声音，进而对企业产生良性的社会及社区压力，有效增强企业的绿色创新行为。

企业宽裕资源调节效应的检验结果表明，宽裕资源对于正式环境规制与绿色创新之间的关系具有正向调节作用。以往有的观点也表明，组织宽裕资源使得企业在追求效率或者绩效的情况下提供了更多的选择可能性，从而使得企业有足够的资源应对环境方面的控制。宽裕资源作为实际或潜在资源的缓冲器，有助于管理人员较好地适应内部压力或者外部环境压力而调整与改变管理策略，组织宽裕资源除了可防止巨大变化对组织造成的伤害，而且还能够提供管理者改变策略的动机及实际进行策略改变的资源。因此，如果企业本身拥有较多宽裕资源时，在面临正式的环境规制时会在策略性行为的决择上更能应付自如。而相反，宽裕资源对非正式环境规制与绿色创新之间的关系不具有正向调节关系，这可能是因为社区居民对于环境保护的抗争往往局限在企业污染排放危及到自身环境质量时进而发起的抗争运动，当厂商只要达到合法的排放规制标准，或者对环境质量的破坏没那么明显时，企业的宽裕资源可能会投资于有疑虑的其他管理项目方面，宽裕资源对企业的创新决策所产生的影响也就不那么明显。

组织知识惯性调节效应的检验结果表明，企业的知识惯性越明显，正式与非正式的环境规制所带来的创新效应就会越小。相反，企业的知识惯性越不明显，正式与非正式的环境规制所带来的创新效应就会越大，这就说明企业的知识惯性较小的条件下，企业更可能进行试验、风险承担以及自我质疑，并对当前的流程进行重新评价，最终表现出更多的绿色创新。组织知识惯性的检验结果也进一步证明了 Fang 等人（2011）的研究发现，即知识惯性会干扰组织学习与组织创新。Liao（2002）、Larsen 和 Lomi（2002）的研究也证明了知识惯性会阻碍组织学习与解决问题的能力并阻碍组织创新的发展。Gilson、Shalley 和 Ruddy（2005）的研究也发现组织惯性会制约企业的思考模式进而降低创新绩效。Dasgupta、Hettige 和 Wheeler（1997）的研究也曾表明，影响环境绩效的因素除了企业对环境绩效的努力程度外，还包括企业采用的管理策略型态。因此，政府为了鼓励企业的绿色创新行为应该尽可能地创造有利的环境，以降低企业在解决问题方面对原有经验的过度依赖，对于有意愿改变生产和防治污染一贯作业流程的企业，应考虑给予直接的技术辅导，并且在防污设备融资方面给予更大幅度的补助和优惠，以改变原有的知识惯性，这样可以进一步提升正式与非正式的环境规制对绿色创新的影响效果。

第3章 团队层次的创新

3.1 团队以及团队创新的概念

许多学者都曾提出其对于团队的定义，但因研究观点的不同在定义上也有些许的差异。若干学者从团队成员间专业互补的角度提出他们的看法，认为团队成员因为拥有不同的专业技能，必须通过相互的协调才能达成团队的目标。Shonk（1982）对于团队的定义为包含两人或两人以上，经彼此协调沟通以完成共同任务。Quick（1992）则认为团队最重要的特点为团队成员将团队共同目标的达成视为最重要的使命，并利用其本身的专业技能，相互支持，彼此沟通，达成合作目的，以完成目标。而依据Katezenbach和Smith（1993）观点，团队为约2~25人的组合，成员有其各自不同的专业技能、决策能力、问题解决能力及人际关系能力，且这些专业能力在团队里有互补作用。成员享有共同的目标及绩效标准，最重要的是成员彼此信任、相互依赖及合作，对于团队具有高度承诺与认同感。Mohrman、Cohen 和 Mohrman（1995）将团队视为由一群一起工作的个人所组成，团队成员相互依赖，分享共同目标，透过彼此间的互动及整合以完成工作，提供产品或服务，共同为工作的成败负责。Jessup（1992）认为团队不只重视整体目标的达成，更强调成员间相互依赖与彼此承诺的关系。Quick（1992）认为团队最显著的特征是成员将完成团队目标作为最优先事项，且均有其专业的技术，彼此互相支持，自然地合作，同时能清楚而公开地与其他成员沟通。

Johansen 和 Swigart（1994）指出无论企业组织如何改变，大致上都有一个共同的结果，那就是将企业的结构扁平化。在扁平化的组织架构下，兼具弹性与效率的团队运作方式将更能改善生产流程及增进组织的竞争力。团队在实务界被广为采用，团队创新受到个人创新、团队特性与情境因素的影响，团队的创新过程也是由个人创新提升至团队创新并最终影响团队与组织的创新成果。为了达到组织层次的创新，创新的实现必须发生于团队层级，绝非管理阶层能够独断性地建构完成（Hayes，1997）。团队创新不仅通过讨论产生决策的过程，更是成员彼此互动相互学习，吸收、同化、转化、以及利用新知识的过程。有效发挥知识吸收、同化、转化、以及利用之能力，以促使团队组织变革的正向动能力量。团队创新是包括成员参与与成员互动的一个持续过程，该过程很大程度上依赖于其他人的参与。例如，新观点的产生往往来源于团队给予的灵感和力量；即使员工具有创造性并且产生了新观点，但是其观点的实施取决于他人的同意、支持以及资源等。如果员工对自身的工作进行创新，同样也依赖于他人，这是因为除非该员工本质上是完全独立的，否则他的工作会影响到其他人并且常常需要他人的批准。

West 和 Farr（1990）将创新定义为在群体、组织或广泛的社会中，新产品、新程序及新流程的提出及应用，此将有利于个人、群体甚至更广泛的社会大众。站在企业的角度，在创新过程中可能获得的利益包含了行政效率的提升、员工成长、工作满意增加、改善群体向心力、生产力提高以及更好的人际沟通等（Anderson 和 West，1996）。出现于团队中的创新就可称为团队创新，团队创新是团队针对工作任务，应用新的方法至团队内，最终为团队内的个体及整个团队带来效益（West 和 Farr，1990；West 和 Wallace，1991）。其中，新的方法包含技术及管理的改变，技术的改变包含新产品产生过程，引用新的研发、制造技术或是引进新的计算机支持系统等；而管理的改变可以是新的团队运作模式与政策等（West 等，2006）。综合上述，不仅是研发团队创造出有形的新产品才是创新。在任何的团队中，无论是有形的商品或者是无形的服务概念、做事模式、管理流程等，只要是不同于以往，且为团队带来效益均可称之为团队创新。创新并非要求新想法绝对的新颖，而是相对新颖的概念，换句话说，只要新于目前团队所采用的想法即可（Zaltman，Duncan 和 Holbeck，1973），因此，只要成员从其他组织带进新想法到团队上并加以实行，就符合团队创新的定义。

促进团队创新的因素包含团队组成（如异质性、异质团队）、团队特征（如团队规模、团队结构）、团队领导、团队氛围、团队过程等。例如，Milliken 和 Martins（1996）指出，团队异质性一面提升团队创造力，而另一面却降低成员满意度及团队认同感，对团队创新有正面及负面影响。过去研究显示团队人数也是影响团队绩效的因素之一（Brewer 和 Kramer，1986），规模较大的团队有较大的多元化或异质性（Bantel 和 Jackson，1989）。而在团队历程中的团队凝聚力也会对团队创新产生直接影响；团队凝聚力反映出团队成员对彼此的喜爱与向心程度，可提升成员为共同目标而努力的动机，促进团队创新提升（Beal 等，2003）。此外，领导是影响组织创新的重要因素之一（Mumford 等，2002；Jung，2001；Amabile，1998；Mumford 和 Gustafson，1998）。Anderson，Hardy 和 West（1990）指出具有创新的团队必须具备四项特征：愿景、参与安全感、任务导向以及创新支持等四项特征。清晰并经由充分讨论而成的愿景，能够为创新提供正确目标，由上层管理阶层所建立的愿景是不可能达成；员工参与能够降低对创新的抗拒，此外，员工所提出的不同意见不要遭受团队成员的讽刺，质疑与怀恨；任务导向建构了最佳工作事务、程序与标准的承诺，创新支持被认为是有助于协助团队成员工作并鼓舞团队进行改变与调整（Anderson，Hardy 和 West，1990）。

3.2　团队层次创新的理论基础

3.2.1　团队过程模型

Marks、Mathieu 和 Zaccaro（2001）认为团队互动过程是指团队成员为了将团队的投入更好地转化为产出而互相依赖和协调完成任务的过程中，所进行的认知、语言及行为等方面的活动。Cohen 和 Bailey（1997）认为团队互动过程是指成员之间以及成员和外部之间发生的交互作用。团队互动过程的研究源自于 McGrath（1964）提出了团队“投入—过程—结果”（input - process - outcome，IPO）模型，图 3 - 1 描述了这一过程，投入是指促使或者限制成员互动的前置因素，这些变量包括团队成员的个体特征（例如，能力和个性等）、团队层次变量（例如，任务结构和外部领导的影响）以及组织和情景因素（例如，组织设计特征和环境的复杂性）。McGrath（1964）采用 IPO 模型理论架构来探讨团队有效性，McGrath 指出投入中的不同因素直接影响团队互动过程，再经由团队互动过程影响团队绩效。也就是说，团队互动过程在团队中扮演着中介者的角色，影响了输入和输出之间的转化关系。

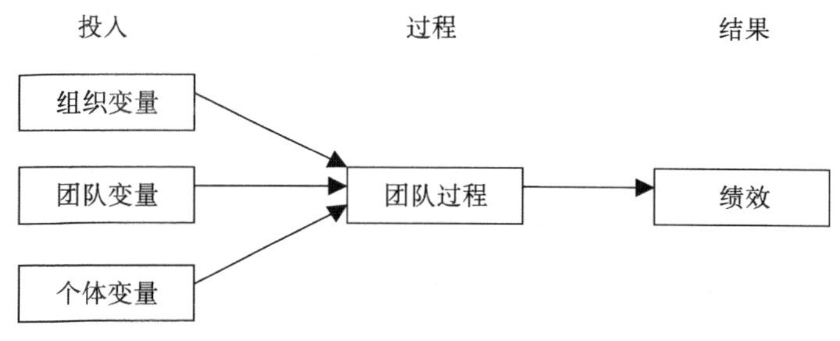

图 3－1　团队的投入—过程—结果（IPO）模型

资料来源：McGrath, J. E. Social psychology: A brief introduction. New York: Holt, Rinehart 和 Winston. 1964.

IPO 模型是团队研究中最常被引用的模型（Stewart 和 Barrick，2000），该模型也在研究中得到了不断的修改和扩展。这些进一步完善后的模型有的是扩展到一个更大的情景中，有的则强调了之前模型所忽略的一些方面。例如，Nieva、Fleishman 和 Rieck（1978）在研究模型中兼顾了影响团队绩效的外在条件、团队成员特性、团队特质和任务特性等因素。Jewell 和 Reitz（1981）列举出影响团队绩效的四大类变量，包括团队成员特质、团队特质、环境因素与团队互动过程。Hackman（1983）特别强调组织情境与环境资源对于团队有效性的影响，而组织中完善的奖励、教育及信息系统是促使团队完成任务的必要条件。Gladstein（1984）的投入因素研究包括了团队组成、团队结构、资源的可获得性及组织结构，团队任务特质在投入—产出—转化过程中起着调节作用。

Marks、Mathieu 和 Zaccaro（2001）在其团队模型中指出，团队互动过程包括成员的行动，而其他的中间机制则可以被看作是认知的、动机的或者情感的状态。后来的学者指出 IPO 模型未能区分不同类型的过程。Ilgen 等人（2005）指出由团队投入转变为团队结果的许多中间变量并不是过程性的，并提出了“投入—中介—结果”模型（input - mediator - outcome，IMO）以区别于以往的 IPO 模型，如图 3 - 2 所示。Cohen 和 Bailey（1997）也对团队心理特征和内部过程进行了区分。本书采用 Marks、Mathieu 和 Zaccaro（2001）关于团队互动过程的定义，将团队互动过程界定为“团队成员在互相依赖和协调完成任务的过程中，所进行的认知、语言以及行为等方面的活动”。

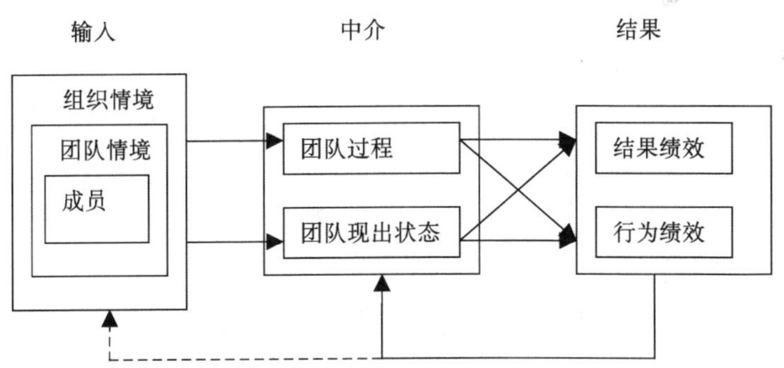

图 3 - 2　团队的投入—中介—结果（IMO）模型

资料来源：引自 Mathieu，等 Team Effectiveness 1997 - 2007：A Review of Recent Advancements and a Glimpse Into the Future，Journal of Management，2008. 以及在本书的基础上整理。

3.2.2　团队异质性理论

不同领域学者对于异质性有着不同的定义。Jackson (1995)、Webber 和 Donahue (2001) 将多元化分为关系相关及工作相关。关系相关即为人口统计特征如性别、年纪、种族；而工作相关则为与成员的知识、技能及能力相关如专业背景、年资、教育程度等。关系相关多元化程度越高越易产生偏见，进而增加成员的流动率；而工作相关多元化程度越高则会因团队具备较多元的视野，对于问题解决方案往往能提出较具创造力及创新的方法 (Milliken 和 Martins，1996)。Harrison 等人 (1998) 进一步将团队异质性区分为表面多元化及深层多元化。表面多元化是一种立即可见的生理特征，也就是传统的人口统计特征，例如性别、年纪、种族。过去研究指出，表面层次多元化越高，则会对团队绩效带来负面影响。这是由于团队成员基于自我归因理论 (Turner，1982)，利用表面特征将自己与他人做分类区隔，造成与不同类型的人互动减少进而影响团队绩效；反之，深层多元化是指无法立即发现，需随着相处时间越长而逐渐发觉。

此外，一些学者还根据社会分类理论 (Tajfel，1981；Turner，1987) 或是社会认同理论 (Turner，1982) 对团队异质性进行解释。在性别与年龄分布越多元的团队中，成员越容易意识到彼此的差异，造成互动频率降低，减少交流。在此情况下，团队容易被区分成不同的更小群体，产生更小群体之间的偏见与歧视，从而增加合作难度 (Joshi 和 Jackson，2003)。因此，关系多元化程度越高的团队可能因小群体过多而导致合作意愿下降，降低团队创新。反之，如果关系多元化程度越低，成员越容易被彼此吸引，越能认同团队并促进合作关系，从而有助于团队创新的提升。例如，Pelled (1997) 的研究结果发现，性别多元化与团队生产力呈负相关；Zajac等人（1991）也发现年龄多元化对团队创新有负向影响。总之，关系相关多元化程度越高，其对团队创新越具有负向的影响；反之，关系相关多元化程度越低，其对团队创新可能越具有正向的影响作用。

团队成员的潜在特质无法直接观察，需要通过互动才能发现差异，如人格特质及价值观等。过去的研究显示，价值观多元化对于团队绩效的正向影响已获得许多研究的一致认同（Jehn等，1999），Cox和Black（1991）、Hambrick等人（1996）以及Gruenfeld和Martorana（2000）认为团队成员所具备的不同经验、专业背景以及观点对于团队绩效如创新以及问题解决能力均有正面影响，并且其影响程度比不具有异质性的团队更高。Williams和O'Reilly（1998）也指出工作相关多元化越高时，表明团队成员的技能、知识及经验更广，信息层面越丰富，就越能在决策过程中提供更多元的见解，形成的决策会更有质量，从而有利于团队绩效的提升。Ancona和Caldwell（1992）认为跨功能团队的创新程度较同构型高的团队更好。Eisenhardt等人（1997）发现背景多元化的团队可以产生健康的意见冲突，增进沟通效能。此外，工作相关多元化越高的团队，展现出的弹性思考有助于引发创新想法（West，2002）。

3.2.3 团队创新氛围理论

氛围的概念源自于Lewin（1951）研究场论时提出的生活空间观点。在过去的几十年里，氛围的概念受到应用心理学家以及组织社会学家的重视，出现了许多的实证研究和研究评论。这些研究在定义上有个体与群体两种不同层次的观点（Anderson和West，1998），即认知地图模式和共享知觉模式。认知地图模式把氛围定义为个体关于环境的结构性表征或者认知地图，主要揭示环境意义的建构过程。例如，James 和 Sells（1981）将氛围定义为个体关于环境的结构性表征，是个体通过心理状态以及独特的形式表达对所处工作环境的认知描述。共享知觉模式则把共享知觉作为氛围概念的核心。例如，Reichers 和 Schneider（1990）把组织氛围定义为对组织政策、实践以及程序的共享知觉。在本书中采用后一种模式，将氛围定义在团队层次上并探讨团队成员的共享知觉。

尽管越来越多的人关注到共享知觉模式，运用组织氛围的概念变得越来越普遍。Anderson 和 West（1998）认为共享氛围是通过积极的社会建构而形成并且嵌入到组织结构当中。而且为了使得“共享”成为可能，共享氛围存在三个必要而非充分的条件：在工作中个体相互影响、有着共同的目标或可以实现的结果以及任务之间的相互依赖。满足以上条件的个体之间可能会形成共同的理解和期待的行为模式。但是即使这些条件在团队中都满足并不意味着一定会形成共享的氛围，个体对工作群体的认同以及同事之间的互动是形成共同理解和行为规范（Campion、Medsker 和 Higgs，1993）的重要条件。除此之外，共享氛围还可能通过其他方式形成，个体的社会化过程或者共同的经历可能导致共同的知觉。在组织层级中不同层次的个体可能暴露于相同的经历并形成氛围的共同知觉。例如，组织上层会向下传达组织愿景、文化以及战略等，可能一定程度上导致员工的共同知觉。

由于受到组织规模和多样性的限制，更加微观的团队或者群体层次的氛围研究就显得非常有必要。Dansereau 和 Alutto（1990）认为对于组织规模较大，组织结构中部门化程度较高以及管理层级较多的组织，整体层次上的共享氛围不太容易出现。Anderson 和 West（1998）认为在团队中个体有更多的互动机会并认同自己所在的群体或者团队，共同的思维方式和行为规范更容易形成，因而共享氛围最可能会在个体有互动机会和共同建构知觉的团队环境下产生，所以在群体和团队层次上研究共享氛围更加合适。

尽管许多研究探讨了组织氛围、组织创新氛围以及团队氛围，但直接针对团队层次创新氛围研究的学者并不多。Schneider和Reichers（1983）认为没有任务参照对象而空泛地去研究氛围没有任何意义（例如具体的变革氛围、质量氛围以及创新氛围）。Rousseau（1988）也认为需要对特定的氛围进行研究，氛围应该是一个总括性术语，针对不同类型的氛围研究比简单而宽泛的氛围研究会更有价值（例如，Glick，1985；Rentsche，1990；Rousseau，1988）。West（1990）、West和Anderson（1996）认为团队创新氛围是工作团队成员对影响其创新能力发挥的工作环境的共同知觉。West（1990）在总结了前人氛围和创新研究的基础上提出了团队创新氛围的四因素结构模型。由于该模型得到了许多学者的认可，以此所开发的团队创新氛围量表具有很好的信效度，也是目前比较有影响力的团队创新氛围测量工具，因此本书主要介绍West等人的四因素结构模型。

West（1990）通过文献回顾发现与团队创新相关的氛围因素有大概一致的模式，并总结出了主要的氛围因素：愿景、参与安全、任务导向以及创新支持，这些因素对个体创新和团队创新均具有较强的预测性（West和Anderson，1996）。首先，愿景是关于重要结果的观念，这个观念代表了更高层次的目标以及工作中的激励力量。团队愿景有助于激励成员努力地工作，清楚的目标将提供成员努力的方向并发展出适当的工作方法（West，1990）。其次，参与安全是指决策参与往往是在没有人际威胁的环境下受到激励和加强（West，1990）。员工通过互动和信息共享参与的决策活动越多，他们就会对决策结果的投资越多，提出更多的新观点以及改进工作的方式。Rogers（1983）认为团队成员在非批判性的团队环境中能够提出新的观点和解决问题的方法。再次，任务导向是指对于优秀任务绩效的共同关切。这种关切具体表现在绩效评价、及时改正、控制系统以及批判性评价等方面（West，1990）。具体而言，任务导向因素强调个体或者团队的责任、评价及改进绩效控制系统、团队内的建设性建议、回馈与合作、相互的监督、对绩效和观点的评价、清晰的绩效标准、对相反观点的探索、建设性争辩（Tjosvold，1982）以及对任务绩效质量最大程度的追求等。最后，创新支持是指为了改善工作环境中任务的完成方式而给予的期望、赞成以及实际的支持等（West，1990）。创新支持在团队中有很大的差异，它既可以是阐述性的也可以是订立的制度。West认为团队创新一个必要的条件的就是制度性的支持，而不仅仅是阐释性的支持。Daft（1986）认为资源的可获得性对于创新非常必要，Schroeder等人（1989）强调了从高层获得支持对于创新实施的重要性。

研究人员研究了员工对组织创新氛围的认知与他们的行为例如创造性（Hsu和Fan，2010）以及创新行为（Hsu和Fan，2010；Hsu和Chen，2015；Ren和Zhang，2015；Yu等，2013）有很大的相关性。然而，虽然Hsu和Fan（2010）发现员工对组织创新氛围的认知与创造力和创新行为之间存在显著的关系，但他们也确定，当时间压力较低时这种关系更强。同样，尽管Ren和Zhang（2015）发现员工对组织创新氛围的看法与他们的创新行为之间存在显著的关系，但他们也确定，在高阻力压力源的情况下，这种关系更弱。研究人员也开始关注组织创新氛围为什么会影响员工的创新行为。例如，Hsu和Chen（2015）发现，组织创新氛围通过培养员工自我效能、希望、乐观和适应力（心理资本）的心理资源，来引发更高水平的创新行为。

在团队层面，Pirola - Merlo（2010）发现团队创新氛围的两个维度（名为创新支持和使命）和团队项目创新之间存在正相关关系。Burningham 和 West（1995）发现支持创新和愿景是团队创新的外部评价的关键预测因子。此外，他们还发现追求卓越的目标（任务导向的分量表）可以预测团队创新。Mathisen 等人（2008）发现团队创新氛围与员工和主管额定的团队创新的措施之间有着密切的联系。Bain 等人（2001）通过一系列措施（团队创新，创新数量，专利数量，有用结果数量和创造性结果数量）来研究团队创新氛围与研发团队创新成果之间的关系。然而，他们只发现了创新氛围与三个结果（专利数量，有用结果数量和创造性结果数量）之间的强关系。他们还发现，尽管从事研究项目的团队通常具有更多的创造性成果，但从事开发项目的团队具有更多有用的成果，而在团队创新氛围方面，支持创新最有力地预测了创新成果。West（1990）总结并提出了团队创新氛围的四维度模型，认为这四个主要的氛围维度对创新有不同程度的预测性。West 和 Anderson（1996）的研究发现，团队创新氛围与整体创新、创新的数量、激进性、重要性、新颖性以及管理有效性等维度正相关，创新支持是唯一正向影响整体创新的维度，创新支持也是唯一正向影响创新新颖性的团队创新氛围维度。参与安全维度对创新数量以及团队自我报告的创新解释程度最大，任务导向对管理有效性也有一定程度的影响。

West 和 Anderson（1996）使用四因素结构模型在英国进行研究得到较好的信度和效度。Anderson 和 West（1998）使用 38 个项目的团队创新氛围量表，并且互动频率从参与安全维度中被分离出来作为一个单独的维度。Agrell 和 Gustafson（1994）在瑞典进行了团队创新氛围的预测研究。Kivimaki 等人（1997）以芬兰为样本探讨了工作复杂程度对团队创新氛围的影响，提出五维度结构模型比较适合工作复杂程度较高的工作，四维度模型和五维度模型分别解释了63.90%和64.70%的方差变异。此外，不同的学者在不同的国家环境下进行了团队创新氛围与创新之间关系的研究（Kim，2000，韩国；Brodbeck和Maier，2001，德国；Ragazzoni，2002，印度；Loo，2003，加拿大；Mathisen、Einarsen和Jorstad，2004，挪威；Pirola－Merlo，2006，澳大利亚）。我国学者凌建勋（2003）、唐一庆（2007）等也进行了团队创新氛围的测量与预测研究。总之，团队创新氛围是有效地预测团队和个体层次上的创新的重要变量。

3.3 团队层次创新研究综述

由于创新通常具有一系列改变的程序，且较不容易来自于单一个体的活动。因此，团队合作与协力是创新有效执行的重要条件（Janssen等，2004）。一般而言，研究学者倾向于根据投入—过程—产出（Input－Process－Output）的架构来讨论团队层次的创新（Janssen等，2004）。通过对以往文献的分析，概括而言促进团队创新的因素包含团队组成（如异质性、异质团队）、团队特征（如团队规模、团队结构）、团队领导、团队氛围以及团队过程等。Anderson等（2014）的综述性研究也认为，现有团队创新研究的关注点主要包括三个方面：团队结构与构成、团队氛围与过程以及团队领导等。这种整理思路大体也符合经典的投入—过程—产出（IPO）框架。遵循同样的思路，王唯梁（2016）对目前团队创新研究主要关注的核心概念或关键词进行了整理，得出了以下的研究框架，如图3－3所示。

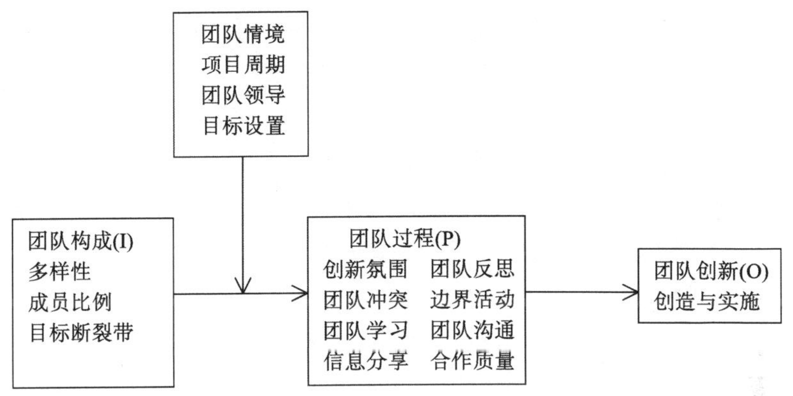

图3-3　目前关于团队创新研究的主要研究框架

资料来源：王唯梁．团队创新中的二元性研究：概念、机制与前因［D］．浙江大学，2016.

团队构成变量中，现有团队创新研究所关注的团队成员特征主要可以分为两类，一类与团队成员的知识专长相关，包括职能背景（例如，Keller，2001）、教育背景（例如，Faems 和 Subramanian，2013）等；另一类与团队成员的认知风格相关，包括创造型等认知风格（例如，Mironspektor，2011）、调节焦点（例如，Rietzschel，2011）等。知识专长相关的构成特征能够描述团队“擅长于”做什么，而认知风格相关属性的构成特征能够描述团队“倾向于”做什么。此外，团队异质性也是一个重要的研究方面。Milliken 和 Martins（1996）指出，团队异质性一面提升团队创造力，而另一面却降低成员满意度及团队认同感，对团队创新有正面及负面影响。

团队过程变量中，团队凝聚力也会对团队创新产生直接影响。Ocker、Hiltz、Turoff 和 Fjermestad（1996）综合过去有关团队进行创新活动的研究，发现凝聚力对于团队创新的影响有着不同的解释，在相关的研究上未取得一致性的结果，有些学者认为

过高的凝聚力将有碍小组创新，然而有些学者则对凝聚力持有正面的看法，表示凝聚力越高越能刺激团队展现良好的创新表现。例如，Janis（1989）认为团队凝聚力是导致团队迷思发生的主要因素，这种思考模式通常出现在凝聚力较高，成员互动紧密的小团体中。高凝聚力将使团队产生顺从的压力，遵守领导者的指挥，服从团队的规定避免与小组成员产生不同的意见。在此氛围下将感受到要求一致性的压力，顺从大家共同的决定而不敢提出不同的意见，同时减少了小组成员产生想法的数量。相反，根据团队气氛的观点，凝聚的团队可以降低旷课、失误以及促进成员正向的情绪，因为成员响应对方以较正向的方式，将经验较少的焦虑与紧张。West 和 Richards（1999）的研究也指出在高凝聚力团队工作的人比在低凝聚力团队工作的人有较多满足以及较多的支持感、安全感以及归属感，感受到正向的团队氛围，将促使团队展现出更好的创造力。

当前团队过程的许多研究是分散的。Mathieu 和 Schulze（2006）在团队授权与团队绩效关系的研究中发现团队授权通过团队互动过程（综合的测量量表）对顾客满意度和客观绩效产生间接的影响，但是对三个团队过程分开进行的研究中，他们发现仅仅过渡过程的互动对于顾客满意度有显著的影响，只有行动过程的互动与数量绩效显著正相关。Maynard、Mathieu 和 Marsh（2007）的跨层次研究也证明过渡过程和顾客满意度正向相关，行动过程与数量绩效的关系更加明显，该研究也同时发现人际过程对于员工个体层次的满意度有显著的跨层次影响作用。Marks 等（2001）划分的行动过程在团队互动过程的研究中比较常见，LePine、Piccolo 和 Jackson 等（2007）的研究发现团队沟通与团队协调与团队绩效之间有显著的关系。Tesluk 和 Mathieu（1999）研究发现团队协调影响问题管理行为。De Dreu 和 West（2001）

研究发现团队成员参与和少数派的分歧有助于创新。

此外，领导是影响组织创新的重要因素之一（Mumford 等，2002；Jung，2001；Amabile，1998；Mumford 和 Gustafson，1998）。Shin 和 Zhou（2003）、De Jong（2006）认为变革型领导通过规划愿景并激发团队成员，使他们工作产出能超越预期，加深他们的自我激励程度及强化自信，并带动团队创新的提升。我国学者隋杨、陈云云和王辉（2012）的研究发现引领创新的团队领导调节了创新效能感与团队创新绩效之间的关系。韩杨、罗瑾琏和钟竞（2016）的研究发现双元领导对团队创新绩效具有积极影响并且显著优于单一领导方式。刘小禹、孙健敏和周禹（2011）、柯江林、孙健敏、石金涛（2009）的研究发现变革型领导与团队创新绩效正相关。罗瑾琏、胡文安、钟竞（2017）的研究还发现，悖论式领导与团队创新呈显著正相关，团队活力在悖论式领导与团队创新之间起完全中介作用。

综述所述，团队创新的研究按照 I - P - O 的模式进行了研究并取得了丰富的研究成果，但是还存在以下的研究空间。首先，研究团队创新的相关概念需要更严格的区分和界定。尤其是，研究人员需要关注创造和创新之间的概念区分，以及验证量表的使用。其次，现有的研究基本上是基于静态的研究模式，即并不能完全解释为什么团队的创新会随着时间的推移而发生变化，或者团队创新与其他相关变量之间的因果关系。鉴于组织中的团队不是静态实体，而是可能随时间而改变，我们主张使用动态方法来研究团队创新如何发展并影响组织结果的。再次，研究人员还要研究外生“震动”（Meyer，1982）对团队创新的影响，例如在特定行业引入颠覆性技术、或者兼并和收购过程中团队的创新是发展的。最后，建议研究人员将文化和制度视角纳入团队创新的研究，或者提供地理和文化对团队创新影响。

3.4 团队层次创新研究的示例

3.4.1 团队创新行为与标准化工作实践对团队绩效的影响①

(1) 问题的提出

组织常常鼓励团队要有创新行为，创新行为也被视为创新绩效的基础，是组织效率的关键要素。虽然有关创新研究的文献相当丰富，但这些研究主要集中于产品技术、市场营销、战略制定、行政管理以及组织文化等方面，并且主要关注了组织层面不同职能的创新。Woodman 和 Schoenfeldt（1989，1990）提出了不同层次创新行为的研究框架，该框架表明团队创新行为是个人创新、团队特征以及团队过程共同作用的结果，同时团队创新行为还有利于团队的创新绩效。当前创新行为的研究主要集中影响因素方面，而对其影响结果的研究比较有限并且主要集中于个体层次，例如，Janssen（2003）的研究表明，员工的创新行为对同事冲突具有正向影响作用，对同事关系满意度具有负向影响，创新行为还可能引起创新失败和绩效的降低。团队层次创新行为影响结果的研究也主要集中在创新能力和创新绩效等方面，缺乏对整体有效性的分析。因此，有必要在现有研究的基础上进一步探讨团队创新行为与团队绩效之间的影响机制。

团队在鼓励创新行为的同时，也要求团队成员将日常的工作标准化并遵循一致性的工作程序，相信通过这样的安排方式也将有助于团队成功（Feldman 和 Pentland，2003），于是团队为了

① 此处的部分内容发表于《中国科技论坛》2015（1）：138～142.

增进整体的效率，就要决策团队到底要遵循标准化程序还是要有创新行为。团队创新行为和标准化工作实践的行动过程都是以改善系统结构、提供更好的优质服务和解决问题为目的，而这些目的的实现需要通过一定的知识活动来支持，不同的策略要有相互配合的知识管理方案（Liebowitz，1999）。因此，不管是团队创新行为还是标准化工作实践，这两种策略的实施过程中最重要的就是知识管理，即通过知识管理以支持团队行动路线的安排。尽管有相当多的文献把知识管理当作团队绩效的前因变量，但是如何从团队创新行为和标准化工作实践搭配组合的角度进行分析还有进一步探讨的空间。

此外，过去的研究并未涉及团队创新行为、标准化工作实践它们各自与团队绩效之间关系的情境性因素。事实上，团队行为常常被资源性因素所影响，团队的活动需要根据宽裕资源的不同而有所调整，以搭配平衡其创新行为和标准化工作实践策略。本书试着以团队宽裕资源来说明其中的影响机制，了解团队创新行为与团队宽裕资源的交互作用对团队绩效的影响，以及标准化工作实践与团队宽裕资源的交互作用对团队绩效的影响。

（2）理论与假设

①团队创新行为与标准化工作实践的相互促进关系。创新行为通常包括机会的探索和新构想的形成，同时也包括新知识的应用，或者为了提高绩效而进行的改进过程。过去对于创新行为的研究大多集中于个人层次。Woodman 等人（1993）提出的组织创新交互模型认为企业中的创新是个人创新—团队创新—组织创新的连续过程，团队创新受到个人创新过程的影响。根据 Schneider（1983）提出的 ASA（attraction - selection - attrition）理论，由于员工的社会化过程、社会信息与学习过程，将会在团队层次呈现同质的行为（homogenous behaviors）。因此，团队会

表现出相对一致的创新行为，即团队层次创新行为将是员工个人创新经由自下而上的过程而产生的协同现象，团队创新行为是个人创新在团队层次上的表现。

团队在坚持创新的同时，也会鼓励简化其工作完成方式并坚持运用那些被证明行之有效的流程模块（Feldman 和 Pentland，2003）以保持业务流程的连贯性。因此，团队为了提升整体有效性面临着两种看似相互矛盾的工作方式的选择。事实上，许多团队往往会同时采用团队创新行为和标准化工作实践这两种方式以应对环境的复杂性和不确定性，创新行为是应对不确定性的重要措施，往往需要承担风险和尝试新颖而不同的策略，而标准化工作实践是应对复杂性的重要方式，例如，工作模式的形成，以及持续应用和坚持行之有效的模式。因此，创新行为意味着提升变异水平以优化团队努力和结果之间的匹配，而标准化工作实践是降低变异性以确保运作的持续性。尤其是团队在面对不稳定经营环境的时候，对于已知的解决方案需要标准化的工作程序，以降低工作的模糊性和任务处理的复杂性。

从标准化实践的过程来看，团队的标准化工作实践包括多个参与者的协调，多个参与者使得标准化实践的结构不可能是完全统一或者是无差别的，标准化实践过程的多人参与过程将不可避免地引入了信息获取、诠释方法和目标的多样性，这就意味着标准化实践也具有了一定的变化性。Gilson（2005）也认为创新行为和标准化可以是互补而非互相冲突的，传统团队中，管理层通常决定着工作的内容与范围，然后由工作团队去执行，而本书所讨论的研发团队中，由于这些企业的授权程度普遍较高，团队可以决定并执行工作的范围与内容，这些团队会机动调整创新行为与标准化程序以达到最佳的整体效率。基于以上分析，提出本章节的假设 1：

H1：团队创新行为与标准化工作实践之间具有显著的正相关关系。

②团队创新行为、标准化工作实践与团队绩效。团队绩效的实现需要创新活动已被很多文献所强调，但以往的研究大都针对个人创新与组织创造力，较少针对团队层次的创新行为做进一步研究，有文献提出，个人创新经由团队过程，如激励、组织化与协调机制，最终影响将团队结果。因此，具有创新行为的团队不仅提出创新性的解决方法并进行推广，而且还为新想法的实施开发完备的计划。许多企业采取团队的组织方式进行创新活动，团队成员可以自主决定任务的完成方式以及实现绩效的最佳途径，创新过程通常经由讨论、研究会议中的人际互动以及认知的分享而产生，在团队之中员工接触许多不同的观点、技巧和信息，他们可以由此发展出新的或不一样的方式来解决问题。团队创新还有助于个体、团队及组织采用新的知识，共同努力形成新的产品或流程，而不仅仅是某一期间内产生的新产品或提供服务数量（Ettlie、Bridges 和 O'Keefe，1984）。例如，陈淑玲（2007）的研究证明了团队创新行为对团队创新能力的影响作用。因此，团队创新行为是团队有效性的关键，本书预期当员工个人创新提升至团队创新行为后将会对团队绩效产生显著的正向影响，并提出本章节的假设 2：

H2：团队创新行为对团队绩效具有显著的正向影响作用。

标准化工作实践确定了员工完成任务的系统、机制和指导方针等（Vogus 和 Welbourne，2003），团队的标准化实践往往是根据正式制度或者过去的经验而形成，成员形成了关于“恰当”行为方式的假设，团队标准化实践作为应对不确定性行为的一种约束手段，使得团队成员为了共同的目标与任务达成而紧密结合，有利于组织成员的规范服从与合作，形成对团队任务认知的一致性和行为上的一贯性。此外，依据目标设置理论，标准化实践对于团队成员来说是非常重要的，团队成员由于明确的实践模式而被激励去讨论这些实践。例如，关于该绩效实现方式的讨论将激励团队成员去实施相应的行为，增强了团队成员目标的主导性。从标准化实践的实施结果来看，标准化工作实践是通过减小不确定性和复杂性避免重大的失误并提高效率，进而使得团队的策略能够得到正确的贯彻和实施。基于以上分析，提出本章节的假设3：

H3：团队标准化工作实践对团队绩效具有正向影响作用。

③团队创新行为、标准化工作实践与知识管理。知识管理可根据不同的目的而定义，如寻找和分类现有知识、产生新知识、或组合知识以创造新的知识，这些不同的定位应该与不同的目标、方法及组织结构有关（Davenport，1996）。例如，Allee（1997）定义知识管理为通过管理知识的创造、扩散和影响以实践组织目标的程序。因此，知识管理是一种能使组织充分运用其知识以及创造价值所进行的一系列以知识为主体的管理程序，包括能增进知识资产价值以及塑造能让知识充分发挥价值的活动。本书从基础科学与科技应用的角度并参考Nonaka（2000）的知识管理模型、以及Andrew和Gold（2001）的知识获得与应用理论，本书将知识管理划分为知识创造和知识应用两个研究构面。

团队必须找出适合其发展的知识有效率地加以利用及管理，而且知识管理是推行企业策略的基础，团队通过选择主要的知识活动来支持企业经营策略的实行。所以，在不同的策略下要有相配合的知识管理和作法。创新行为是参与者在原有知识的基础上，由某种动议或创意引导，通过团队成员大量的个人思维活动，伴随着成员之间的知识交流，相互反复激发、评价、修正，逐渐形成新的知识并到新的知识状态，因而团队创新行为将有助于知识管理活动中的知识创造。从知识转换的角度讲，团队创新行为包含了知识的产生、知识的扩散与知识的固定等阶段，尽管创新行为过程开始于新观点的产生，但如果这些观点或想法没有在整个团队中有效地进行讨论，这些新的思想将可能会被放弃或者不被接受。团队成员之间的信息交换和协商扩展了团队成员可获得的知识与经验资源，并且形成对潜在解决途径有用性的合理评价，因此，团队创新行为还有助于知识管理活动中的知识应用。据此形成本章节的假设4：

H4：团队创新行为对知识管理有显著的正向影响。

H4a：团队创新行为对知识创造有显著的正向影响。

H4b：团队创新行为对知识应用有显著的正向影响。

团队的工作标准化实践过程有助于团队将工作的执行内容非常详细地记录下来，目的在于降低工作执行的差异性以改善整体的工作效率（March，1991）。工作标准化的一个重要特点就是使用统计工具用以监控与分析工作流程，通过这样的手段可以使得问题被突显出来，团队可以从中学习、发现错误并改善质量。因此，工作标准化实践有助于知识管理活动中的知识创造。在March（1991）以及Chengh和Van de Ven（1996）提出的探索性学习与开发性学习双元化理论可以发现，工作标准化实践具有精益、执行、效率、生产与选择的特征，目的在于实现稳定的绩效表现。因此，工作标准化实践的核心在于降低差异性以确保营运的一致性，其有助于知识管理活动中的知识应用。基于以上分析，提出本章节的假设5：

H5：团队标准化工作实践对于知识管理有显著的正向影响。

H5a：团队标准化工作实践对于知识创造有显著的正向影响。

H5b：团队标准化工作实践对于知识应用有显著的正向

影响。

④团队知识管理与团队绩效。知识管理使原有的知识不断地进行修正并产生新的知识，而且还能将这些新的知识加以保存和应用，使其转化为系统化及制度化的知识，进而提升组织效能并达成组织目标。Almashari，Zairi 和 Alathari（2002）指出知识管理是通过系统和整合的方法而建立的学习程序，而这些整合的方法与程序对组织系统和组织绩效有很大的影响。Carrillo 和 Gaimon（2000）在知识管理的研究中提出公司在持续进行训练活动情况下知识的累积会不断地增加，人员更加熟悉与了解运作流程，产能及效率也就会大幅提升。因此，团队的知识创造非常有助于团队绩效。

此外，团队知识的应用还有助于团队绩效的提升。Blake（1998）认为知识管理的过程来自于于企业的集体经验，并将其传播至企业的更多情景并产生最大的回报。员工也通过知识管理来增进他们的能力，以改善和更新产品、服务、系统和结构进而提升绩效水平。Lakshman（2005）结合定性和定量数据的研究也发现高层主管的知识管理策略对组织绩效表现有非常重要的影响性。根据以上学者研究可知，团队生存的关键不再只是创新本身，而是创新的高度重复使用，进而产生更高的绩效，而知识管理正是产品、服务与流程不断循环提升的关键所在。基于以上分析，提出本章节的假设 6：

H6：知识管理对于团队绩效有显著的正向影响。

H6a：知识创造对于团队绩效有显著的正向影响。

H6b：知识应用对于团队绩效有显著的正向影响。

综合以上部分的分析，也进一步提出本章节的假设 7 和假设 8：

H7：知识管理对团队创新行为与团队绩效之间的关系具有

中介作用。

H7a：知识创造对团队创新行为与团队绩效之间的关系具有中介作用。

H7b：知识应用对团队创新行为与团队绩效之间的关系具有中介作用。

H8：知识管理对团队标准化工作实践与团队绩效之间的关系具有中介作用。

H8a：知识创造对团队标准化工作实践与团队绩效之间的关系有中介作用。

H8b：知识应用对团队标准化工作实践与团队绩效之间的关系有中介作用。

⑤团队宽裕资源的调节作用。团队宽裕资源是指现有的资源超出了维持正常且有效率营运所必要的程度（Bourgeois，1980）。宽裕资源是实际或潜在资源的缓冲器，有助于团队较好地适应内部压力或者外部压力而调整与改变管理策略，团队宽裕资源除了可防止巨大变化对团队造成的伤害，而且还能够提供团队管理者改变策略的动机及实际进行策略改变的资源。宽裕资源可能包含了过剩的员工、剩余的产能以及非必须的资金，甚至包含一些尚未利用但可以增加产出的机会。本书认为团队宽裕资源是团队基于生存、效率、发展及永续经营等理念所建构的物资、人力及财务等各项生产要素。

团队的技术创新与知识管理活动对团队本身而言是一种风险性行为，团队宽裕资源会使团队在与经营环境互动时表现得较为大胆，使团队愿意接受较大的风险。如果团队本身拥有较多宽裕资源时，在面临策略性行为的决择时较能应付自如。由过去的研究可知，宽裕资源普遍会影响风险承担（Steensma 和 Corley，2001），组织宽裕资源使企业拥有更多安全的机会来测试新的策略，例如开发新产品与进入新市场，故本书认为，如果团队拥有较多的宽裕资源，会使团队在策略的制定上有较大的发挥空间，更能强化团队创新行为与创新绩效关系的关系。基于以上分析，提出本章节的假设 9：

H9：团队宽裕资源对团队创新行为与团队绩效之间的关系有显著的正向调节效果。即团队宽裕资源越多，团队创新行为对团队绩效的正向影响越大；团队宽裕资源越少，团队创新行为对团队绩效的正向影响越小。

团队在试图改变现状及解决问题时，宽裕资源会是其制定政策时的主要考虑因素之一。前文述及，虽然过量的宽裕资源可刺激研发费用的支出，引导更多新项目的执行，但是，标准化工作实践意味着成本和效率，而宽裕资源对于成本和效率而言是没有好处的，在标准化工作实践比较普遍的情况下，宽裕资源却很少能转化为具有附加价值的绩效。而相反，团队宽裕资源有利于团队管理者的自我服务、不胜任以及怠惰。Jensen（1993）认为企业拥有丰富的宽裕资源时常会投资于有疑虑的项目上。因此，在团队实施标准化工作实践的情况下，如果团队拥有较多的宽裕资源，会弱化标准化工作实践与创新绩效之间的关系。基于以上分析，提出本章节的假设 10：

H10：团队宽裕资源对标准化工作实践与团队绩效之间的关系有显著的负向调节效果。即团队宽裕资源越多，团队的标准化工作实践对团队绩效的正向影响越小；团队宽裕资源越少，团队的标准化工作实践对团队绩效的正向影响越大。

综合以上分析，本书提出以下的研究框架，如图 3－4 所示。

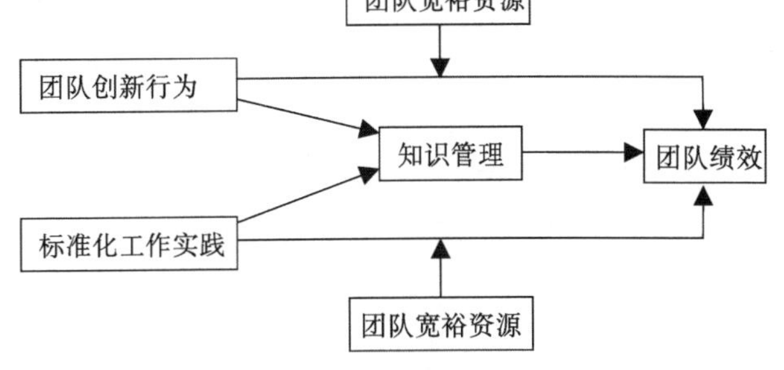

图 3-4　团队创新行为与标准化工作实践对团队绩效的影响模型

（3）研究方法

①数据收集过程及样本特征。本书主要是探讨团队创新行为、标准化工作实践、知识管理、团队宽裕资源以及团队绩效之间的关联，因此在选取样本时必须以团队为单位进行收集，且样本范围为企业的研发团队。此次的研究是以 4～15 人的团队规模为主要搜集对象，本书的调研问卷主要涉及重庆市、四川省、浙江省、福建省、江苏省、上海市等地。为了避免数据来源相同而导致共同方法的变异，本书将问卷区分为团队主管问卷和团队成员问卷来进行填答，团队主管问卷主要包括团队基本信息、团队宽裕资源量表以及团队绩效量表；团队成员问卷主要包括员工基本信息、团队创新行为量表、标准化工作实践量表以及知识管理量表。

作者在调查前首先筛选合适的企业并确定研究团队，并同时明确每个团队的联络人员。纸质问卷主要通过邮局寄送的方式，电子问卷主要通过电子邮件方式回收。结果共有 21 家公司配合本次调查，本次调研共发放 1157 份问卷，共计收回 849 份团队成员员工问卷和 266 份团队主管问卷，经过筛选获得了 765 份员工文件以及 242 份主管填答问卷。剔除的问卷主要包括填答不完整的问卷、填答不认真的问卷以及回收不足3人的团队问卷。被调查团队成员（不包括主管）的人口统计特征如表3-1所示。

表3-1　　　　问卷发放对象的人口统计特征

变量	指标	数量（人）	百分比（%）	变量	指标	数量（人）	百分比（%）
性别	男性	411	53.73	婚姻状况	已婚	493	64.44
	女性	334	43.66		未婚	257	33.59
	缺失值	20	2.61		缺失值	15	1.97
年龄	25岁以下	115	15.03	职业年限	0~2年	117	15.29
	26~35岁	320	41.83		2~4年	167	21.83
	36~45岁	201	26.27		4~6年	255	33.33
	46~55岁	109	14.25		6年以上	218	28.50
	56岁以上	13	1.70		缺失值	8	1.05
	缺失值	7	0.92	团队任期	0~2年	117	15.29
教育程度	大专及以下	13	1.70		2~4年	167	21.83
	本科	560	73.20		4~6年	105	13.73
	硕士	167	21.83		6年以上	368	48.10
	博士	16	2.09		缺失值	8	1.05
	缺失值	9	1.18				

②测量工具。团队创新行为。本书的创新行为量表是在Scott和Bruce（1994）的基础上修订而成，主要是测量研发团队中对新技术、新流程、新技巧或新产品的导入和应用过程，以成为有用产品或服务的行为表现程度。问项包括“我们团队经常会寻求技术、产品、服务或工作流程等方面的改善”“我们团队经常尝试各种新的方法或新的构想”“我们团队的成员之间经常提供关于新方法或新想法的重要性”等6个条款。

团队标准化实践是指通过对任务完成工作程序的培训以确保任务完成方式的标准化。本书参照 Gilson、Mathieu 和 Shalley 等人（2005）编制的研究量表并进行了修改，问项包括“我所在的团队经常采用标准化的问题解决程序”“我所在团队通过适当的形式将完成工作的程序固定下来”“我所在团队在处理问题时遵循事先缺定的预案”等5个条款。

团队宽裕资源是指团队现有的资源超出了维持正常且有效率营运所必要的程度。团队宽裕资源的衡量参考了最早提出该理论的 Cyert 和 March（1963），以及 Wiseman 和 Bromiley（1996）等提出的观点，问项包括“我们团队的人力配置足以应对目前业务内容的需要”“我们团队配备的硬件设施已足以应付目前业务内容的需要”“我们团队分配到的经费或预算已足以应付目前业务内容的需要”等8个条款。

知识管理是通过管理知识的创造、扩散和应用以实践组织目标的程序。知识管理的衡量主要是根据 Nonaka（2000）的知识管理模型，并参考 Andrew 等（2001）的知识实践空间建构、知识库建立、知识资产运用及检索系统共享等知识应用观点，包括知识创造及知识应用两个构面。问项包括“团队成员常常通过工作过程学习新的知识或技巧”“团队具有从错误或经验中习得新知识的流程”“团队有利用知识以发展新产品（或服务）的做法”等20个条款。

团队绩效是指团队运作是否顺利以有效达成团队目标的重要指标。本书参照 Stewart 和 Barrick（2000）编制的研究量表并进行修改，分别从工作工作质量、工作的数量、工作主动性、人际技巧、工作计划、资源分配以及整体绩效等方面进行衡量。问项包括“整体而言，本团队的工作质量不错”“本团队能同时处理大量的工作”“本团队有完善的工作计划并能有效分配资源”等共7题。

本书的研究变量均采用 Likert 7 点尺度，使用“非常不同意”到“非常同意”等7个等级给予评分。

(4) 研究结果

①相关分析及信效度检验。表3-2列出了各研究变量的平均数、标准差、相关系数以及量表信度系数。从表3-2的分析结果可以看出，各研究变量的 Cronbach'st α 系数在 0.789 ~ 0.917 之间，均不低于可以接受的0.70，说明这些变量的信度是可以接受的。相关分析的结果表明，团队创新行为与团队标准化实践的相关关系为0.326，因此本章节的假设1得到验证。

表3-2　各研究变量的平均数、标准差、相关系数和信度系数

变数	平均数	标准差	1	2	3	4	5
1. 团队绩效	3.635	0.875	(0.899)				
2. 团队标准化实践	3.719	0.720	0.128**	(0.917)			
3. 团队创新行为	3.958	0.864	0.174*	0.326**	(0.884)		
4. 知识管理	3.962	1.014	0.297**	0.217**	0.348**	(0.789)	
5. 团队宽裕资源	3.529	0.900	0.301**	0.102*	0.241*	0.295**	(0.857)

注：括号内数据是各研究变量在正式调查中的内部一致性系数。

本书运用验证性因子进行效度分析，软件 lisrel8.70 的分析结果如表3-3所示，根据侯杰泰等人（1990）的建议，GFI、NFI、CFI、IFI、RFI 指标值大于0.9时，认为模型拟合程度较好，若大于0.8，模型则可以接受。RMSEA 的值也整体上小于0.1，因此，本书采用的量表具有一定的构念效度。

②团队创新行为与标准化工作实践对团队绩效的影响机制分析。

a. 知识管理的中介机制分析。根据本书的研究设计，首先

表3－3　　各研究变量的验证性因子分析结果

变量 \ 指标值	RMSEA	GFI	NFI	CFI	IFI
团队绩效	0.086	0.92	0.91	0.94	0.91
团队标准化实践	0.098	0.88	0.90	0.90	0.85
团队创新行为	0.064	0.97	0.97	0.99	0.99
知识管理（两因子结构）	0.047	0.96	0.99	0.99	0.99
团队宽裕资源	0.055	0.94	0.95	0.98	0.98

让团队特征变量、团队创新行为以及标准化工作实践进入模型进行回归分析，结果表明，团队创新行为和标准化工作实践对团队绩效的回归系数分别为0.449和0.326，显著性系数小于0.01，如表3－4所示，因此，团队创新行为和标准化工作实践对团队绩效均具有正向影响作用，本章节的假设2和假设3得到验证。再第二步接着分析团队创新行为和标准化工作实践对知识管理的影响。结果表明团队创新行为和标准化工作实践对知识创造的回归系数分别为0.226和0.412，显著性系数均小于0.05，如表3－4所示。从团队创新行为和标准化工作实践对知识应用的影响来看，团队创新行为和标准化工作实践对知识应用的回归系数分别为0.511和0.238，显著性系数均小于0.05，如表3－5所示，因此，团队创新行为和标准化工作实践对知识管理具有正向影响作用，因而本章节的假设4和假设5得到验证。第三步，中介模型分析。由表3－4和表3－5可知，在不同的回归模型中，团队知识创造对团队绩效的影响系数、团队知识应用对团队绩效的影响系数均为显著（$P < 0.05$），表明知识管理对团队绩效具有正向影响作用，因而本章节的假设6得到验证。在加入了知识创造维度后，团队创新行为对团队绩效的影响作用有所下降但仍然显著（系数由0.449变为0.381）；在加入了知识应用维度后，团

队创新行为与团队绩效的影响作用有所下降但仍然显著（系数由 0. 449 变为 0. 328）。因此，知识管理在团队创新行为与团队绩效之间起着部分中介的作用，因而本章节的假设 7 得到验证。接着再分析知识管理在标准化工作实践与团队绩效之间的中介作用。由表 3 –4 和表 3 –5 可知，在加入了知识创造维度后，标准化工作实践对团队绩效的影响作用有所下降但仍然显著（系数由 0. 326 变为 0. 321）；在加入了知识应用维度后，标准化工作实践与团队绩效的影响作用有所下降但不显著（系数由 0. 326 变为 0. 300，P >0. 05）。因此，知识创造在标准化工作实践与团队绩效之间起着部分中介的作用，而知识应用在标准化工作实践与团队绩效之间没有中介的作用，因而本章节假设 8 中的假设 H8a 得到验证，H8b 没有得到验证。

表 3 –4　　　　团队知识创造的中介机制分析

解释变量 \ 被解释变量		团队绩效		团队知识创造		团队绩效	
		第一步		第二步		第三步	
控制变量	团队规模	–0. 047	–0. 092 *	–0. 148 **	–0. 088	–0. 002	–0. 095 *
	团队平均年龄	0. 094	0. 020	0. 111	0. 034	0. 060	0. 023
	团队的行业性质	–0. 035	–0. 087 *	–0. 105	–0. 107	–0. 003	–0. 101 **
	团队创新行为	0. 449 ***		0. 226 ***		0. 381 ***	
	团队标准化实践		0. 326 ***		0. 412 ***		0. 321 **
	团队知识创造					0. 303 ***	0. 105 *
R^2		0. 233	0. 486	0. 080	0. 533	0. 318	0. 691
Sig. F		83. 351 ***	69. 971 ***	38. 802 **	17. 235 **	72. 314 ***	63. 167 ***

注：* P < 0. 05，**P < 0. 01，***P < 0. 001。

表 3－5　　　　团队知识应用的中介机制分析

解释变量＼被解释变量		团队绩效		团队知识应用		团队绩效	
		第一步		第二步		第三步	
控制变量	团队规模	－0.047	－0.092*	－0.087*	－0.076	－0.027	－0.039
	团队平均年龄	0.094	0.020	－0.002	0.032	0.094	0.090
	团队的行业性质	－0.035	－0.087*	0.010	－0.028	－0.037	－0.032
	团队创新行为	0.449***		0.511***		0.328***	
	团队标准化实践		0.326***		0.238*		0.300
	团队知识应用					0.238***	0.105**
R^2		0.233	0.486	0.261	0.515	0.275	0.631
Sig. F		83.351***	69.971***	45.595***	57.243***	41.827***	52.124**

注：* P ＜ 0.05，**P ＜ 0.01，***P ＜ 0.001。

b. 团队宽裕资源的调节机制分析。团队宽裕资源调节机制的验证过程是：首先让团队控制变量、团队创新行为以及标准化工作实践进入回归模型进行分析；第二步，在回归模型中放入团队创新行为、标准化工作实践以及团队宽裕资源变量进行分析。第三步，放入团队创新行为、标准化工作实践以及以及它们各自与团队宽裕资源的交叉项进行分析。结论表明，当团队创新行为和标准化工作实践变量放入回归方程时，团队创新行为和标准化工作实践对团队绩效的影响系数分别为 0.449 和 0.326，如表 3－4 所示，表明团队创新行为、标准化工作实践均对团队绩效具有显著的影响作用，在第二步当团队宽裕资源放入第一步的两个回归方程时，团队宽裕资源对团队绩效的影响系数均大于0并且达到显著水平，说明团队宽裕资源对团队绩效具有正向影响作用。在第三步当团队创新行为、标准化工作实践以及它们各自与团队宽裕资源的交叉项分别进入回归方程时，如表3－6所示，结果发现“团队创新行为×团队宽裕资源”项系数为0.041并且不显著（P>0.05），“标准化工作实践×团队宽裕资源”项系数为－0.033并且显著（P < 0.05），这就意味着团队宽裕资源对团队创新行为与团队绩效之间的正向关系不具有调节效果，团队宽裕资源对标准化工作实践与团队绩效之间的正向关系具有弱化的调节效果。因此，本章节的假设9没有得到验证而假设10得到验证。

表3－6　　　　团队宽裕资源的调节机制分析

解释变量 \ 被解释变量	团队绩效					
	第一步		第二步		第三步	
团队规模	－0.047	－0.092*	0.109	0.059	0.106	0.094
团队平均年龄	0.094	0.020	0.083	0.150*	0.082	0.144
团队的行业性质	－0.035	－0.087*	0.037	0.098*	0.034	0.097
团队创新行为（1）	0.449***		0.422***		0.485***	
团队标准化实践（2）		0.326***		0.398***		0.377***
团队宽裕资源（3）			0.082**	0.236*	0.091*	0.083*
（1）×（3）					0.041	
（2）×（3）						－0.033*
R^2	0.233	0.486	0.296	0.569	0.301	0.329
F值	83.351***	69.971***	3.239**	74.235***	9.472**	37.547

注：* P < 0.05，** P < 0.01，*** P < 0.001。

（5）结论与讨论

①团队创新行为、标准化工作实践以及团队绩效的关系。本书的研究结论表明团队创新行为和标准化工作实践并不是相互排斥的，团队创新行为和标准化工作实践对团队创新绩效均有着显著的积极影响，它们之间可以相互补充的。结构化理论（Bouredieu，1977）也支持了本书的这一研究结论，结构化理论认为标准化工作实践既包括结构要素又包括行动要素，标准化实践是由特定的人在特定的时间参与标准化实践，实践的本质就是即兴的，实践是在规则和期望的背景下实施的，企业所采取的行为轨迹在某种程度上是创新的。Gilson、Mathieu 和 Shalley（2005）的研究也表明团队工作程序标准化的缺乏需要头脑风暴以及新方法和试验的探索来补偿。长期有效计划的制定需要同时考虑它的可操作性与创新性（Shank、Niblock 和 Sandalls，1973）。因此，标准化工作实践也具有内生性变革的潜力，它本身并不会对团队的创新行为构成冲突，反而是正相关关系。本书的研究结论表明团队创新行为和标准化工作实践对团队绩效均具有正向影响作用。

因此，团队往往需要在标准化工作实践和创新行为之间进行抉择。例如，团队在计划过程中事先确定了如何分配工作以及任务的完成方式，但在面对顾客的时候需要对具体问题（如大修或者重新更换）进行创造性决策，每一次这样的决策意味着需要在费用、时间、绩效以及顾客满意等方面做出选择，团队管理者必须要考虑它们之间的整体效应。在《创新者的求解》一书中，作者克里斯坦恩（Clayton M. Christensen）和雷纳（Michael E. Raynor）曾讨论了如何实现创新的制度化，他们认为企业在创新之前应该好好规划一番，包括任命高级经理人来监督资源的分配，建立同时具备“推动者和塑造者”（movers and shapers）

的团队，给员工提供培训以教他们如何识别颠覆性的创意。英特尔公司在20世纪90年代末在公司内部使用共同的语言，可以避免创新过程中的思维羁绊，西门子为世界各地的客户提供创新和节能解决方案的过程中，通过标准化采购管理模式降低开发商的采购成本并提高整个采购流程的效率。

②知识管理的中介作用。本书的分析结果表明，知识创造在团队创新行为、标准化工作实践与团队绩效之间起着部分中介的作用，知识应用仅在准化工作实践与团队绩效之间起部分中介的作用。该研究结论说明，知识管理要由团队创新行为和标准化工作实践的不同策略开始，因为团队需要哪些知识是根据它的策略来决定，团队创新行为和标准化工作实践就是一种学习支持系统，协助员工创造、获取、储存、分享及应用知识，通过团队方式的学习和互动将知识在组织中传播及扩散。过去相关文献的探讨也发现，团队绩效来自于知识管理而非独立的知识，知识管理越好的团队其所拥有和应用的知识越多，就越能建立扎实的核心能力使得团队绩效越好。团队知识应用在标准化工作实践与团队绩效之间没有中介作用，这可能是因为虽然团队创新行为和标准化工作实践对知识创造有直接的显著影响，但知识应用是知识创造、转化及分享之后的程序，因而直接影响的程度不高，当然这一推测需要后续研究进一步的验证。本书的研究表明了创新过程中知识管理的重要性，知识管理在真正要实施的时候必须落实到具体确定的活动上，例如，IBM有e-workplace、HP有connex、西门子有shareNet、埃森哲有Knowledge Xchange等。

③团队宽裕资源的调节作用。团队宽裕资源负向调节着标准化工作实践与团队绩效之间的关系，即团队宽裕资源越多，标准化工作实践对团队绩效的贡献就会越少。这就表明在团队的运行比较规范的情况下不宜形成大量的宽裕资源，团队宽裕资源容易

形成类似X理论的无效率（X - inefficiency，Leibenstein，1969），当团队拥有较多的宽裕资源时常常会投资于有疑虑的管理项目上，使得实际产出与最大产出之间存在着差异。因此，在标准化实践程度比较高的条件下，团队宽裕资源可缓和绩效。虽然以往研究认为宽裕资源是解释组织创新的主要因素，但本书的研究并不支持的团队宽裕资源在团队创新行为与团队绩效之间的调节关系，这可能是因为团队宽裕资源、团队创新行为与团队绩效之间存在着更为复杂的关系。例如，标准化工作是丰田制造系统的核心原则之一，这一系统中工作精确到秒，以便与节拍时间——即客户需求比率相匹配，但是节拍时间标准化只可能被应用于一些常规性任务，如简单的CAD工作，但在各个大型任务之间转移时工程师们会面临多种不确定性，不可能知道自己每隔5分钟会做什么，因而无法做到标准化。因此，虽然团队宽裕资源有助于形成宽松的控制并使得团队行为更具弹性，但宽裕资源的安排对于创新行为效果的发挥未必是一件好事，中国人常讲的“置之死地而后生”也是这个道理。

3.4.2　团队目标导向对团队创新绩效的影响机制研究

（1）问题的提出

创新可以说是增加企业竞争优势的主要来源，企业在剧烈变动的商业环境下，需要通过不断地创新来维持自身的生存空间。创新也是团队成功的关键所在，尤其是越来越多的组织转向以团队来发展创新能力时，团队的创新更是不容忽视。早期的研究认为个体的目标导向具有特质性，是较为稳定的，但随着研究的不断深入，越来越多的研究认为团队成员的目标导向具有动态性并受情境因素的影响，由于团队成员面对着同样的情景线索，经常就感知到的情景因素进行交流与讨论，学习目标或者绩效目标相关的气氛知觉会在团队内进行融合，这些情景线索会形成有别于个体的目标认知差异。然而，当前有关目标导向的研究大多还是集中在个体层次（Cropanzano 等，1993），虽然有学者注意到团队目标导向在团队间具有差异性并影响团队绩效（例如，Bunderson 和 Sutcliffe，2003），但关于团队目标导向对团队创新绩效的影响机制研究仍然非常有限。

企业是否有能力进行管理、维护和创造知识是团队创新的重要前提，Castells（1996）认为于当今企业的发展完全依赖知识。然而，团队的创新过程往往意味着知识的变化与发展。组织生态学观点认为组织面对外在环境的改变时存在着阻碍变革的惯性力量，即企业的战略、结构、产品、技术以及员工知识等存在着停留在过去管理行为的倾向，企业在团队层次上也会产生行动惯性和知识惯性等（Godkin 和 Allcorn，2008），表现在团队在解决问题的过程中无法摆脱惯例化的运作方式，而惯例化的运作过程将是团队创新的阻碍因素。因此，本书将探索团队的目标导向是否会通过知识惯性而影响到团队创新的绩效。此外，过去的研究较少涉及创新过程的资源性因素。事实上，团队的创新过程常常被资源因素所影响，团队的活动需要根据资源的不同而有所调整，本书的研究还将探讨团队宽裕资源在其中可能存在的调节机制。

（2）理论与假设

①团队目标导向对团队创新绩效的影响机制。目标导向是员工对于不同类型目标达成状态的定位。早期的许多研究认为目标导向反映了个体的特质差异。然而，也有研究指出通过控制行为发生的环境可以改变个体的目标导向。因此，目标导向具有动态性并且受情境因素变化的影响，是个体的一种表现状态。当个体被整合为团队的时候，由于团队成员面对着同样的情景线索，并且经常就感知到的这些线索进行相互交流与讨论，目标导向相关

的气氛知觉会在团队内进行融合，这些共同的知觉便形成了团队层次的目标导向（Bunderson 和 Sutcliffe，2003）。团队目标导向包括学习目标导向和绩效目标导向，后来也有学者将绩效目标导向进一步划分为证明目标导向和避免目标导向（VandeWalle，1997）。本书考虑到学习目标导向和绩效目标导向是最基本的两类目标导向，已有团队层次目标导向的研究也证明了二维度的结构具有良好的信效度标准（Bunderson 和 Sutcliffe，2003）。因此，本书将在团队层次上讨论学习目标导向和绩效目标导向两个维度。

学习目标导向的团队注重学习的过程，为其成员提供了学习与成长的机会，鼓励团队成员以合作的方式互相扶持与成长，学习目标导向有助于强化对任务本身的关切，这种关切强调个体或者团队的责任、评价和改进绩效的控制系统，体现在工作方法、团队绩效、团队内的建设性建议、反馈与合作等方面。此外，学习目标导向的团队还营造了参与安全的氛围和非批判性的环境，心理上的安全往往有助于团队提出新的观点和解决问题的方法。相反，绩效目标导向的团队往往专注于自身的利益而非任务完成本身，团队不会积极尝试新的挑战，也不愿意学习新事物或提出新的想法，因为学习或修正意味着团队的管理能力低或者导致消极的评价。团队成员意识到团队不会鼓励成员提出新的计划或者方案时，自然也不会在团队内产生新的想法。基于以上分析，提出本章节的第1和第2个研究假设：

H1：团队学习目标导向正向影响团队创新绩效。

H2：团队绩效目标导向负向影响团队创新绩效。

②团队知识惯性的中介作用。长期的惯例会形成组织惯性（Feldman 和 Pentland，2003）。由于时间及经验的累积，组织经常偏好过去的管理行为并采取稳定的运作方式，当面临外在环境

的改变时往往无法有效地响应，甚至出现拒抗变革的情况（Hannan 和 Freeman，1984）。后来有学者根据组织的这种特质并将物理的惯性定律应用于知识管理中，认为组织在解决问题时会偏好使用过去的例行程序，僵化的知识以及过去的经验（Liao，2002），并将其称之为知识惯性。本书将知识惯性定义为团队在学习、思维与解决问题的过程中会受到过去知识与经验影响的程度。学习导向的团队往往表现为不断突破常规，它们更可能进行试验、风险承担以及自我质疑，并对当前的规范和惯例进行重新评价，因此就会更容易改变当前的惯例和程序。而绩效目标导向的团队更加关注生产力和结果，注重最大化当前的效益并快速识别出完成任务的正确方法，主张通过恰当的角色网络和任务路径，以及所学技能向真实绩效环境的零错误转换来改善绩效，因此容易形成不易受到质疑的习惯性路径，这些路径使得行为固定化。基于以上分析，提出本章节的假设 3 和假设 4：

H3：团队学习目标导向负向影响团队知识惯性。

H4：团队绩效目标导向正向影响团队知识惯性。

知识惯性是一种定型化的思考方式，团队会依其所拥有的习惯和思考方式来解决问题，而习惯、信仰、传统、政策与法规等都是知识惯性表现的外在形式（Arbor，2003）。知识惯性使得团队失去了学习新观念的机会，也不会尝试解决问题的不同方法或者尝试改变旧的思维方式。Burgelman（1991）的研究显示，员工会排斥与传统经验不符的价值观与行动，组织惯性会影响创新行为与科技的采用。Liao（2002）的研究也表明知识惯性高的员工会在外在行为上表现为拒绝学习与墨守成规。因此，团队在完成任务的过程中会因知识惯性而对团队创新产生阻碍与停滞的消极作用。基于以上分析提出本章节的假设 5：

H5：团队的知识惯性负向影响团队创新绩效。

综合以上部分的分析，进一步提出本章节的假设6和假设7：

H6：团队知识惯性对团队学习目标导向与团队创新绩效之间具有中介作用。

H7：团队知识惯性对团队绩效目标导向与团队创新绩效之间具有中介作用。

③团队宽裕资源的调节作用。团队宽裕资源是指现有的资源超出了维持正常且有效率营运所必要的程度（Bourgeois，1980）。宽裕资源是实际或潜在资源的缓冲器，有助于团队较好地适应内部压力与外部压力而调整或改变管理策略，团队宽裕资源除了可防止巨大变化对团队造成的伤害，而且还能够提供团队管理者改变策略的动机及实际进行策略改变的资源。宽裕资源可能包含了过剩的员工、剩余的产能以及非必需的资金，甚至包含一些尚未利用但可以增加产出的机会。本书认为团队宽裕资源是团队基于生存、效率、发展及永续经营等理念所建构的物资、人力及财务等各项生产要素。基于过去的研究可知，宽裕资源普遍会影响风险承担（Steensma 和 Corley，2001），团队的宽裕资源会使团队在与经营环境互动时表现得较为大胆，使团队愿意接受较大的风险，并拥有更多安全的机会来测试新的策略，在任务的完成过程中拥有较大的发挥空间并能应付自如。因此，如果学习目标导向的团队拥有较多的宽裕资源，将会有助于产生更多的团队创新绩效。而相反，尽管绩效目标导向的团队更加注重成本和效率，但由于宽裕资源的存在，团队仍然能够利用宽裕的资源进行创新方面的探索，从而会弱化绩效目标导向对创新绩效的不利影响。基于以上分析，提出本章节的假设8和假设9：

H8：团队宽裕资源对团队学习目标导向与团队创新绩效之间关系有显著的调节效果。即团队宽裕资源越多，团队学习目标导向对团队创新绩效的正向影响越大；团队宽裕资源越少，团队学习目标导向对团队创新绩效的正向影响越小。

H9：团队宽裕资源对团队绩效目标导向与团队创新绩效之间关系有显著的调节效果。即团队宽裕资源越多，团队绩效目标导向对团队创新绩效的负向影响越小；团队宽裕资源越少，团队绩效目标导向对团队创新绩效的负向影响越大。

（3）研究方法

①研究样本。本研究的样本取自 21 家企业的研发团队，每个团队选择 4～5 位成员参与调查研究。本次调研共发放 1157 份问卷，经过筛选剩余 997 份合格问卷，最终获得了 242 个团队的 765 名员工的完整数据①，其中 203 个团队拥有 3 人的完整资料，39 个团队拥有 4 人的完整资料。

②变量的测量。本研究对 Button 等（1996）所开发的团队目标导向量表进行了适当的修改，学习目标导向量表和绩效目标导向量表分别包括 6 个和 9 个问项。根据 Prajogo 和 Ahmed（2006）的研究，创新绩效分为产品创新与流程创新两个维度等，但鉴于产品创新的数据对于研发人员而言难以衡量，因此本书仅对流程创新进行测量，一共有 9 个项目。知识惯性量表是采用 Liao（2008）的研究量表，主要测量团队在学习、思维与解决问题的过程中受到过去知识与经验的惯性影响的程度，包括 12 个问项。团队宽裕资源的衡量参考了最早提出该理论的 Cyert 和 March（1963），以及 Wiseman 和 Bromiley（1996）等提出的观点，主要衡量团队现有的资源超出了维持正常且有效率营运所必要的程度，包括 8 个问项。以上量表均采用李克特五点计分方

① 剔除的问卷包括问卷信息缺失 1/3 以上以及一个团队中回收不足 3 人的问卷。此外，团队组内一致性 Rwg 过低的问卷也进行了剔除，分析方法与结果见后文。

式，由填答者根据问项内容的描述从非常不同意到非常同意加以区分。为了避免共同来源偏差的问题，团队创新绩效的测量是由团队领导完成，而团队学习目标导向、团队绩效目标导向、团队知识惯性和团队宽裕资源的测量则有团队成员完成。鉴于本书所指的团队未限制特定的规模和所在企业的性质，为排除其对研究结论的影响，本研究将团队规模和团队所在行业类型作为团队层次的控制变量，如表3-7所示。

表3-7　变量测量的文献依据与因子分析

类别	变量	主要文献依据	因子分析指标	
			KMO	方差贡献率
因变量	团队创新绩效	Scott 和 Bruce（1994）	0.892	65.35%
自变量	团队学习目标导向	Button 等（1996）	0.813	69.47%
	团队绩效目标导向		0.689	71.41%
中介变量	团队知识惯性	Liao（2008）	0.607	68.77%
调节变量	团队宽裕资源	Wiseman 和 Bromiley（1996）	0.744	66.33%

③数据分析方法。团队目标导向、团队知识惯性、团队宽裕资源是通过个人层次资料加总的方法来反映团队特征，但是团队层次数据产生之前必须先检查团队内成员间填答的一致性，本书通过指标 r_{wg} 来加以判定。通过计算，团队学习目标导向、团队绩效目标导向、团队知识惯性、团队宽裕资源的组内一致性的平均值分别为0.975、0.984、0.956、0.951，而一般认为当 r_{wg} 的均值大于或等于0.70时，就表明团队成员的一致程度是可以接受的（James、Demaree 和 Wolf，1993）。

（4）数据质量分析

尽管本书所采用的量表已经经过了严格的翻译程序，但仍然有必要检验这些量表的信效度。各研究变量的平均数、标准差、各变量间的相关系数及量表信度系数如表 3－8 所示，从表 3－8 中我们可以看出，各研究变量的 Cronbach's α 系数值在 0.723～0.897 之间，均不低于可以接受的 0.70，说明这些变量的信度是可以接受的。

表 3－8　各研究变量的平均数、标准差、相关系数和信度系数

变量	平均数	标准差	1	2	3	4	5
1. 团队学习目标导向	3.436	0.661	(0.813)				
2. 团队绩效目标导向	3.718	0.547	－0.262**	(0.897)			
3. 团队知识惯性	3.602	0.429	－0.396**	0.546**	(0.724)		
4. 团队创新绩效	3.649	0.522	0.344**	－0.332**	－0.513**	(0.845)	
5. 团队宽裕资源	3.649	0.401	－0.308**	－0.077**	0.452**	0.035**	(0.723)

注：**$P < 0.01$；括号内数据是各研究变量在的内部一致性信度系数。

本书用软件 lisrel8.70 分析测量概念的效度，本书涉及各变量的验证性因子分析拟合指标值如表 3－9 所示。根据侯杰泰等人（2004）等的建议，RMSEA 小于 0.08 时则表示比较理想，小于 0.1 则可以接受。GFI、NFI 、CFI 以及 RFI 的指标值大于 0.9 时拟合程度较好，因此本书用的量表在总体上具有较好的构念效度。

表 3－9　各研究变量的验证性因子分析结果

变量＼指标	GFI	NFI	CFI	RFI	RMSEA
1. 团队学习目标导向	0.96	0.95	0.96	0.96	0.061
2. 团队绩效目标导向	0.94	0.94	0.96	0.97	0.078
3. 团队知识惯性	0.85	0.88	0.90	0.91	0.093
4. 团队创新绩效	0.99	0.99	0.99	0.99	0.031
5. 团队宽裕资源	0.81	0.84	0.88	0.90	0.096

(5) 研究结论

回归分析的结果表明，如表3－10所示，团队学习目标导向、团队绩效目标导向对团队创新绩效的回归显著，结果表明团队学习目标导向和团队绩效目标导向对团队创新绩效分别存在正向影响和负向影响，并且都达到显著水平。因此，本章节的假设1和假设2得到了验证。第二步的分析表明，团队学习目标导向和团队绩效目标导向对团队知识惯性分别存在负向影响和正向影响，并且都达到显著水平。因此，本章节的假设3和假设4得到了验证。第三步的回归分析表明，团队知识惯性对团队创新绩效的存在负向影响作用，因此本章节的假设5得到验证。此外，团队学习目标导向和团队绩效目标导向对团队创新绩效依然存在着显著的影响作用，并且其绝对值分别均小于第三步分析中估计值，同时，团队知识惯性对于团队创新绩效的作用仍然显著，因此，团队学习目标导向和团队绩效目标导向还通过知识惯性的中介作用间接影响团队创新绩效，本章节的假设6和假设7得到了验证。第四步加入团队学习目标导向、团队绩效目标导向、团队宽裕资源以及"团队学习目标导向×团队宽裕资源"和"团队绩效目标导向×团队宽裕资源"作为自变量进行分析，分析结果表明团队宽裕资源对团队学习目标导向与团队创新绩效间关系的影响未达到显著水平（$p>0.1$），本章节的假设8未得到了验证。但是团队宽裕资源对团队绩效目标导向与团队创新绩效之间关系的影响达到显著水平，本章节的假设9得到了验证。因此，团队宽裕资源对团队绩效目标导向与团队创新绩效之间的关系存在负向影响作用。当团队的宽裕资源越多时，团队绩效目标导向对团队创新绩效的影响作用越小，反之亦然。

表 3-10 团队目标导向对团队创新绩效的回归分析结果

自变量 \ 因变量	团队创新绩效	团队知识惯性	团队创新绩效	
	第一步	第二步	第三步	第四步
团队规模	0.12*	0.07**	0.09	0.03*
团队所在行业	-0.15	0.17	-0.07	0.14*
团队学习目标导向	0.08**	-0.19**	0.05**	0.17
团队绩效目标导向	-0.14**	0.10**	-0.10**	0.02
团队知识惯性			-0.13**	0.11**
团队学习目标导向×团队知识惯性	0.16	-0.36**		0.21
团队绩效目标导向×团队知识惯性				-0.09**
R2	0.32	0.42	0.43	0.27
F	26.08**	29.27	15.42**	20.74**

(6) 分析与讨论

影响团队创新的内在因素有成员、团队结构、创新氛围与文化以及激励措施等（Wolfe，1994）。其中，团队创新氛围对团队创新绩效的影响研究已经比较成熟，而本书将团队的目标导向作为一种特殊的氛围，证明了其对团队绩效的影响作用。鉴于以企业的研发团队研究对象，研发团队面临复杂动态的创新性任务或者较高的成员间合作需求，团队绩效目标导向由于更加关注效率和生产率方面的降低，会限制信息的处理和有效的调整，因而不利于创新绩效的形成。相反，学习目标导向的团队会带来最大程度的创新优势，团队学习目标导向会对那些过去已经成功的方法进行调整并消除不适合的惯例与反生产力规范，这将有助于进一步降低群体迷思的可能性，并会引发团队的双环学习以及新的团队过程，从长期来看这将提升团队的创新绩效。

本书中介效应的检验结果表明，尽管个体在面对问题时倾向于依赖或寻求过去的方法、惯例、以及知识与经验，但是，团队的学习导向越明显，团队所表现的知识惯性程度就会越低，这就说明学习目标导向的团队更可能进行试验、风险承担以及自我质疑，并对当前的规范进行重新评价，最终改变了当前的惯例和程序。此外，本书的研究结论还表明，团队的知识惯性程度越高其创新绩效越低，该结论进一步证明了 Fang 等学者（2011）的研究发现，即知识惯性会干扰组织学习与组织创新，Gilson，Shalley 和 Ruddy（2005）的研究也发现工作标准化程度高的惯性行为会制约员工的思考模式，并会降低团队的创新绩效。因此，团队如果要提高创新绩效，必须通过改变员工的知识惯性，建立知识分享与提供团队学习的环境，这样才能减小团队的知识惯性并增强团队的创新优势。Liao（2002）和 Larsen、Lomi（2002）的研究也证明了知识惯性会阻碍组织成员学习与解决问题的能力并阻碍组织创新的发展。因此，团队管理者应该尽可能地创造有利的环境，以降低团队在解决问题方面过度的知识依赖。

本书调节效应的检验结果表明，团队宽裕资源在团队学习目标导向与团队创新绩效之间的不具有调节关系，虽然以往研究认为宽裕资源是解释组织创新的主要因素，这可能是因为团队宽裕资源、团队学习目标导向、团队创新绩效之间存在着更为复杂的关系，学习目标导向的团队要表现出更多的团队创新绩效，可能依赖于任务的特征和环境的要求。例如，丰田制造系统要求工作精确到秒，以便与节拍时间——即客户需求比率相匹配，但是节拍时间标准化只可能被应用于一些常规性任务，但在各个大型任务之间转移时工程师们会面临多种不确定性，不可能知道自己每隔五分钟会做什么。因此，本书的研究结论表明团队宽裕资源并不是在任何情况下都有助于团队的创新。而相反，团队宽裕资源较多的团队中，绩效目标导向对团队创新绩效的负向影响就会越小，这可能是因为团队宽裕资源使得团队在追求效率或者绩效的情况下提供了更多的选择可能性，从而使得团队形成了宽松的控制。因此，团队宽裕资源有助于缓和绩效目标导向对团队创新绩效的负向影响。

个人层次的创新

4.1　个人创新特质与个人创新行为

4.1.1　个人创新特质

现有创新方面的研究对于企业管理中个人层次的创新重视不够。正如 Oldham 和 Cummings（1996）所言，“我们对于促进员工个体创新绩效的影响因素知之甚少”。早期的创新研究主要关注被组织引进的创新，并且很大程度上局限于自上而下的创新方式，其主要是通过高管人员引入到企业当中，而对于自发创新或者企业研发人员日常行为中的创新并没有得到足够的重视（Agrell 和 Gustafson，1996），研发人员工作行为中的创新行为对于个人绩效和组织绩效有着十分重要的影响，研发人员的个人创新行为不仅是个人行为绩效的重要组成部分，而且个人创新行为是组织创新过程的重要要素和组织创新的基础（Shalley，1995）。

近年来，不同学者以多种方式对个人创新加以定义和操作化。个人创新可通过个性特征、结果以及行为等途径来进行研究。例如，Hurt 等人（1977）将个人创新定义为一种广义上的改变倾向，这种倾向反映了个体创新的人格特质。Kirton（1976）认为个体存在于一个连续带上，连续带的两端分别为“个体将事情做得更好的能力”（do things better）和“以不同方式处理事情的能力”（do things differently），即个体偏向于适应或者创新。Kirton 指出适应者是在现存的知觉框架中解决问题，而创新者则是重建此知觉框架，这两种不同的认知型态与其产生的行为相关联系，其中创新者的行为更倾向于以不同方式来思考问题，如表 4－1 所示。Jackson（1976）则通过人格量表衡量个体的创新特质（innovative disposition）。West（1987）所衡量的角色创新是指工作者与上任相比个人在其工作上所作改变的程度。Amabile（1982）在研究个人创新时通过特定产品领域专家来衡量个体所制造产品的创意程度。

表 4－1　适应者与创新者的行为描述

适应者	创新者
强调精确、效率、纪律和遵从等	不遵守规则或寻求不同方法完成任务
解决问题而不是发现问题	主动发现问题并找出解决之道
以成熟的方法寻找问题解决方式	怀疑问题的先前假设并重新思考
提高效率是减少问题发生的重要方式	不顺从群体共识并被认为是不合群的
稳当、遵从、稳健以及可靠	被认为是不稳健和不实际

续表

适应者	创新者
倾向产生达成目标的手段	追求目标但忽略公认的可用手段
长时间进行精细的工作仍能保持准确	仅能短时间进行精细和重复的工作
既定结构下的权威者	非结构性情境下能主导全局
谨慎地挑战规则	不管过去惯例，时常挑战规则
高度自我怀疑并因社会压力或权威而受伤	产生构想时不自我怀疑并不怕反对
对于制度运作来说相当重要	对于计划外的危机来说比较有用
与创新者合作时提供秩序以及持续性	与适应者合作时超越过去的公认理论
维持群体和谐及合作	时常威胁群体和谐及合作
是创新员工危险操作时的安全基础	避免制度僵化并偶尔带来根本的改变

资料来源：Kirton，M. Adaptors and innovators：A description and measure，Journal of Applied Psychology，1976. 61：622～629.

4.1.2　个人创新行为

其他学者则将个人创新定义为一系列自由决定的员工行为（例如，Scott 和 Bruce，1994），本研究也通过这种途径来研究个人创新。个人创新行为通常包括机会的探索和新观点的形成，但同时也包括变革的实施，应用新知识或者为了提高个人和企业绩效而进行的改进过程。许多创新早期的研究更多关注员工的创意或者创造性观点的产生，也就是说只关注了创新的前期阶段。后来一些学者建议拓展创新的概念并对观点的实施给予更多的关注（Mumford，2003；Zhou 和 Shalley，2003）。

Kanter（1988）认为个人创新行为是一个多阶段的过程，新想法的产生只是其中一个阶段。Scott 和 Bruce（1994）承袭这一观点将个人创新行为分成三个阶段，首先是问题的确立、新思想或者解决方式的产生；然后是个体为其创意寻求赞同者的支持并试图建立支持其构想的联盟；最后是产生创新的标准或模式，使其可以被扩散或者批量制造并推出商品化的产品和服务。Kleysen 和 Street（2001）认为之前的创新行为研究多是通过单维度来衡量个人创新行为，因此无法充分掌握这一概念的丰富性及可能存在的多层面性。他们参考 West 和 Farr（1989）的意见，将个人创新行为定义为“将有益的创新观点予以产生、导入以及应用于组织中任一层次的所有个人行动”。有益的创新包括新产品或技术的开发、为了改善工作关系所作的管理程序的改变，或是为了显著提升工作程序的效率所应用的新构想或新技术。

Wu、Yan、Han 和 Wang（2000）认为创新研究应该着重强调具体获得成功实践的过程，该概念也和 Scot 和 Bruce（1994）以及 Kanter（1988）等对个人创新行为的界定相一致。本书在文献收集的过程中，采用如下关键词进行检索：Individual innovation、Individual innovation behaviors、Creative behaviors、Innovative work behaviors、Creative individual action。在充分阅读这些相关文献的基础上并参照 Kleysen 和 Street（2001）的定义，本书将个人创新行为界定为“在工作场所中，企业成员受个人或者环境的影响而产生创新观点并将其导入和应用于组织中的所有行为集合”。一般而言，这些行为既包括企业层次的改变，也包括工作技术、管理程序或者工作关系等方面的调整。就具体的研发任务而言，本书将研发创新行为的范围限定为新构想的产生并将其呈现在具体产品或服务上的过程，创新的程度既包括颠覆性的新观点，也包括小规模和局部范围的创新。

4.2　个体层次创新的理论基础

4.2.1　社会认知理论

美国著名的心理学家 Bandura（1977）结合行为主义与社会学习的概念提出了社会认知理论，该理论是在社会学习的基础上加入了认知因素，例如自我效能、期望、信念等，即个人行为不仅受到自身认知及态度等因素的影响，也会受到目前所处环境、氛围及资源等外在因素的影响，因此，社会认知理论将更加能够准确地解释动态环境中的个体行为，被已有研究广泛地运用于多个领域，如医疗、决策管理、人力资源管理、教育、计算机技能训练等（Bandura，1982；Wood 和 Bandura，1989；Wood 和 Bandura，1990；Schunk，1989；Zimmerma，1990；Compeau 和 Higgins，1995）。

社会认知理论认为人的知识和技能的形成不全是通过直接实践的方式进行学习，否则意味着人类知识的发展将受到很大的限制，事实上人们通常是通过观察别人的行为与结果间的关系以达到学习的目的（Rosenthal 和 Zimmerman，1978）。在此基础上，Bandura 以个人（Person）、行为（Behavior）以及环境（Environment）三者相互持续的影响关系来解释人的行为。行为可能受到态度、信念或过去经验的影响，也会受到环境中所呈现刺激的影响，但是，个人、环境及行为的相互影响并不代表来自不同方向的力量具有相同的影响力，也并不表示这两个方向的影响作用将会同时发生，个人因素和环境因素并非独立存在对行为的作用，而是行为发生的两个相互依赖的因素，即 B = f（P⇔E），如

图 4 - 1 所示。

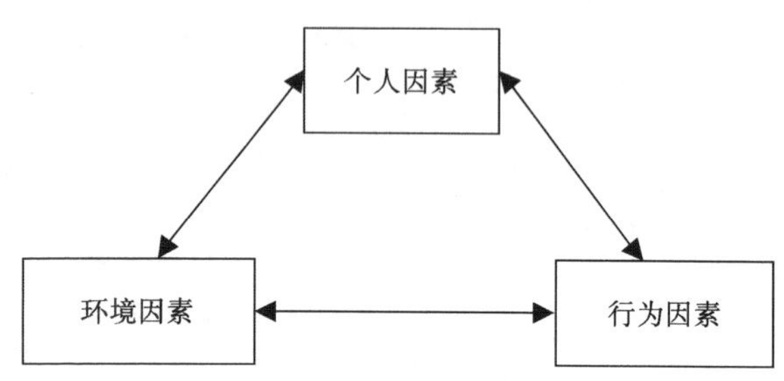

图 4 - 1　个人、环境及其行为的交互作用

资料来源：Bandura, A. Self - efficacy: Toward a unifying theory of behavioral change, Psychological Review, 1977, 84 (2): 191 ~ 215.

Bandura（1988）认为社会认知理论最适合用来解释动态环境中人的行为，即通过个人因素与环境因素来探讨行为的发生。Davis 和 Luthans（1980）认为社会认知理论是一个解释个人行为的综合框架，近年来个人创新行为的研究逐渐地受到学者们的重视并发展出不同的视角。从社会认知的观点来看，个人创新行为也是通过个人与环境交互作用而形成，环境除了有形环境外，如包含场地、设备、器材等，更涉及人与人之间以及人和工作之间的联系，团队创新氛围和团队互动过程作为重要的环境因素影响着个体创新行为。员工对客观环境的感知属于心理环境。很多研究者强调心理环境的重要性，团队创新氛围作为"共享"的心理环境也必然影响成员的创新行为。此外，当个人在面对创新任务时，许多时候需要他人提供知识、资源，或者通过人员间彼此的互动与交流提供数据、信息等方面的支持和帮助，因此，团队互动过程也是重要的环境因素。

在个体认知方面，本书以自我效能感与主观规范共同作为个人因素中的关键要素。本书根据社会认知理论也将自我效能感作为解释个人创新行为的基本机制，拥有某项能力及是否能够运用好这项能力是不同的，要将某项能力运用在困难的工作环境中，除了需要好好的运用技能及资源外，自信程度也会有不同的影响。这是因为较强的个人效能信念会增加行为的动机和解决问题时的努力程度。此外，本书将主观规范作为个体的第二个认知因素，以往规范的研究大多集中在集体层次上，集体层次上规范是群体成员从事规定或者禁止行为时的普遍准则，而个人对规范的理解就是规范的感知即主观规范，Yanocitzky 和 Rimal（2006）认为对规范的心理表达（或者感知的规范）而非规范本身对行为有更多的影响。

4.2.2　社会交换理论

个人在发生交换行为时通常要考虑可能牵涉自身的利益和报酬。也就是说，在个人与他人互动所可能产生的利益是交换过程能否发生的重要影响因素。如果在交换过程中双方不能得到满意的结果或报酬，则没有交换的必要。自 1950 年社会交换理论开始逐渐兴起，学者们陆续发展出了不同的学说流派，本书不打算完整地全面阐述这些理论体系，主要介绍以 Homans 为代表的行为主义与 Blau 为代表的结构主义交换理论学说以作为本书的理论基础。

Homans（1958）发表的《交换的社会行为》被视为社会交换理论的开端。1961 年其著作《社会行为：其基本型式》更完整地阐释其理论内涵。这些著述代表着社会交换理论的产生并引起了学者们的广泛注意，主张社会学的核心应在于个体行为与互动的探讨，强调引导行为的增强模式以及报酬与代价的过程。Homans 认为人际间的互动行为是一种过程，在该过程中双方参与者执行与对方有关的活动并交换有价值的资源。人类之所以愿意持续某些行为是因为在过去经验中得到了报酬。如果某种行为越容易获得报酬，人们重复此行为的可能性越大，如果获得报酬的行为与某种情境有关，人们会再次寻求类似情境；如果报酬越有价值则人们更愿意采取行动。如果以前的经验证明这些行为会付出代价，那么他就会停止这些行为。因此，当个体知觉到彼此间的交换关系具有吸引力的时候便会持续与对方互动，否则他们便会转向其他人以寻求满足他们的需要，这些需要可以是商品或是情感。对个人而言交换行为的发生是因为各取所需，而对组织和团队而言则是因为它们能够满足其成员的需求。以个人创新行为为例，当研发人员认为组织能够满足其需求时才可能表现出持续的创新行为进行交换。

此后，Blau 在 1964 年发表了《社会生活中的交换与权力》，该书在整体上继承了 Homans（1958）的观点，但是相对于 Homans 把社会交换看作是处理社会生活的基本形式，而 Blau（1964）则从结构与文化层次上整合了基本形式与交换问题，后来被大多数学者称为结构主义交换理论。Blau 的理论可区分为个人与个人、个人与群体、群体与群体三个层次，就个人与个人层次而言，人们基于彼此相互吸引而建立起社会连结，一旦初步的联系形成，他们各自提供的报酬就能够维持和强化彼此的联系。所交换的报酬可以是内隐的或是外显的，前者如爱、情感，后者则如金钱、体力劳动等。就个人与群体层次上，Blau 认为社会互动首先存在于社会群体之内，在社会互动的过程中人们之所以被某一群体吸引是因为这个群体关系比其他群体能够获得更多的报酬，他们希望能被此群体接纳，同时为了能够被接纳，他们必须提供这个群体某些报酬。在群体与群体层次上，整个社会的大部分成员间无直接的社会互动，必须有其他机制以调节中介的社会关系结构，中介在复杂的社会结构之间的机制就是社会中的规范与价值。

Blau 继承了 Homans 的论点，认为人类行为会因获得报酬而得到增强，但他不认为所有社会行为均为交换行为，并且交换行为是个人为了实现目标而和他人进行协调的行动。Blau 将 Homans 的学说由个人之间的交换层次提升到个体与群体、群体与群体的的交换层次。此外，人际间的社会交换关系的参与者并非以眼前可能得到的利益进行判断，而是预期未来对方会以某种形式进行回报。社会交换理论经常被用来研究组织中多种现象的社会交换过程与行为（例如，Cardona、Lawrence 和 Bentler，2004）。

4.3　个人创新行为研究综述

4.3.1　个人创新行为的测量

许多学者在综合 Kanter（1988）关于创新过程观点的基础上开发了个人创新行为量表。例如，Scott 和 Bruce（1994）与企业主管访谈后开发了六个问项的个人创新行为量表，该量表将个人创新行为视为单一构面，该量表主要测量组织中员工对新技术、新流程、新技巧或新产品方面的创意进行寻找、确立和实施的过程，以及付诸行动与实践以成为有用产品或服务的程度。为了证实个人创新行为量表的效标关联效度，Scott 和 Bruce 从公司的档案数据中取得每位员工的实际发明数量作为客观指针，研究结果显示员工的实际发明数量与其主管评价的个人创新行为之间的相关系数为 0.33（$p<0.001$）。在后续的研究中，他们也曾利用五个问项的量表以及更加简化四个过程的量表来测量员工的个人创新行为（Scott 和 Bruce，1998；Bunce 和 West，1995）。Spreitzer

(1995)、Basu 和 Green (1997) 也开发了个人创新行为的四问项量表，这些简化的量表在研究中要求管理者评价下属的创新性，但没有进一步区分行为的具体类型。

在多维度创新行为量表的开发方面，学者 Janssen (2000) 起初打算开发一个真正的多维度创新行为量表，测量方式分别为自我报告和他人报告。该量表也是在综合 Kanter (1988) 的创新观点基础上，用其中的三个问项测量新观点的产生，三个问项测量新观点的推广以及用另外三个问项测量新观点的实施。测量观点产生的问项如“在工作上我经常有新的点子”，测量观点推广的问项如“当我有新的点子，我能够向别人表达”，测量观点实施的问项如“我会对新点子仔细衡量是否可以实施”。该量表三个维度之间的相关系数介于 0.84 (观点产生和观点实施) 和 0.87 (观点产生和观点推广) 之间。考虑到各维度之间比较高的相关性，Janssens 将它们合并形成一个单维结构的整体量表。自我报告和领导报告的创新行为 Cronbach'st α 信度系数分别为 0.95 和 0.96。Kleysen 和 Street (2001) 以自我报告方式开发的量表也存在同样的问题 (包含十四个问项)，并最终形成单维结构量表。随后，Krause (2004)、Dorenbosch 等人 (2005)、Jong 和 Hartog (2008) 分别以管理层、非管理层以及知识型员工为样本开发了真正的多维结构量表。本书对研究量表的归纳总结如表 4-2 所示。

表 4-2　　　　个人创新行为的测量量表

研究者	项目数	维度	开发量表的样本	Chronbach's α
Scott 和 Bruce (1994)	6	单维	研发部门 172 名工程师、研究人员以及技术人员	0.89

续表

研究者	项目数	维度	开发量表的样本	Chronbach's α
Bunce 和 West（1995）	5	单维	样本 1：435 名公共医疗卫生服务部门员工 样本 2：281 名公共医疗卫生服务部门员工	0.75 0.80
Spreitzer（1995）	4	单维	工业企业 393 名管理者的下属	0.91
Basu 和 Green（1997）	4	单维	印刷企业的 225 名员工	0.93
Scott 和 Bruce（1998）	4	单维	样本 1：110 名研发专业人员 样本 2：电器制造商的工程师研发人员	0.86 0.84
Janssen（2000）	9	单维	食品制造商的 170 名员工	自我报告：0.95 上级评价：0.96
Kleysen 和 Street（2001）	14	单维	不同组织的 225 名员工	0.97
Jin Nam Choi（2007）	4	单维	大型电子企业分支机构的 4059 名员工	0.84
Axtell 等人（2000）*	12	—	饮料制造企业的 148 名机器操作人员	0.87 0.89
Krause（2004）	8	二维	德国不同组织的 399 名中层管理者	两个维度分别 0.78 和 0.81
Dorenbosch 等人（2005）	16	二维	荷兰地方政府组织的 132 名非管理人员	两个维度分别 0.90 和 0.88

续表

研究者	项目数	维度	开发量表的样本	Chronbach's α
Jong 和 Hartog（2008）	10	四维	荷兰商业和政策研究机构的 81 名知识型员工及他们上级	四个维度分别为 0.90，0.88，0.95 和 0.93

资料来源：Jeroen P. J. Innovative Work Behavior：Measurement and Validation. EIM Business and Policy Research Working paper，2008. 本书在此基础上做了进一步整理。

虽然有学者（Krause，2004；Dorenbosch 等，2005）在开发真正的多维度个人创新行为量表方面也进行了研究。但大多数学者开发的量表为单维结构，在实证分析中多数研究者也采用了单维结构量表作为研究工具。Janssen（2000）、Kleysen 和 Street（2001）等起初曾打算开发真正的多维度创新行为量表，但考虑到各维度之间比较高的相关性，这些学者最终还是将起初设想的多个维度合并成单维结构的量表。同时，已有测量工具也存在着一定的不足，如，Jong 和 Hartog（2008）认为部分量表的开发并没有使用独立的样本来源，部分量表不同维度的收敛和区分效度数据并没有在相应的量表开发文献中进行披露。

4.3.2 个人创新行为的影响因素

早期的个人创新文献主要关注了个体观点形成与表达的形成（Davis，1989；Martindale，1989），而相对忽略了观点实施过程的影响因素，直到后来才有更多的文献对内涵比较宽泛的个人创新过程进行研究。总体来说，个人创新行为的影响因素包括了个人特质、内在工作特征、群体特征、工作关系以及组织特征等，如表 4－4 所示。

个人创新行为的个体层次影响因素有个人特质和工作特征等。具体而言，这些变量包括工作胜任力、内在工作动机，创新相关技能以及创新性人格等（例如，Amabile 和 Gryskiewicz，1989；Oldham 和 Cummings，1996；Unsworth 和 West，1998）。但是这些研究在某种程度上这些研究存在着同义反复（比如，创意相关技能和创意特质（Axtell 等，2000），并且重点关注了创新过程中新观点的形成。后来有学者进一步研究了自我效能感和角色导向对个人创新的作用。Parker（1998）认为员工在完成主动性任务的过程中表现出自我效能信念则更容易取得成功。Morrison 和 Phelps（1999）提出感知到的责任和员工的主管行为积极相关。相反，那些具有狭窄消极角色导向的员工不太可能提出新的观点，因为他们认为“这不是我的工作”，并且会有别人做这些工作。

把内在工作动机纳入到创新行为的决定因素当中使得研究者开始关注工作特征相关因素，因为工作特征因素与内在工作动机密切关联。例如，Herzberg（1966）认为内部动机的提升能够促使员工了解更多的知识，而把握这些知识之间的联系对于个人创新非常重要。Farr 和 Ford（1990）认为工作的丰富化相对于简单的工作更具有挑战性并需要更多的思考，因而有利于进一步促进创新。为数不多的几篇研究也证明了工作特征和建议行为之间的关系。例如，Hatcher、Ross 和 Collins（1989）发现工作的复杂性和员工建议的数量积极相关。Oldham 和 Cummings（1996）基于工作诊断问卷发现工作复杂性与创造性的个体特质对创新观点的建议行为产生交互影响。总体而言，工作特征的研究表明当员工从事多样性的工作并且具有高控制的条件下，员工更容易对如何改善他们的工作提出建议。但是 Scott 和 Bruce（1994）的研究表明工作类型与创新行为之间的相关关系不够显著。

对团队特征的研究表明，如果成员认为新观点受到鼓励和期待（例如，创新的支持），他们在参与决策过程中体验到公开表达观点是足够安全的时候（例如，参与安全），团队创新就会增加（Anderson 和 West，1998）。从工作设计方面的文献来看，团队工作特征可能会影响团队的创新水平。例如，当团队成员具有广泛的责任并且对于工作的执行能够实施控制的时候团队创新更容易发生，因为这种情况下有利于培育员工的胜任能力（Parker，1998）。此外，Sethia（1991）指出工作团队的团结程度是影响个人创新行为的关键。尽管这些团队特征对创新的影响研究更多是集中团队层次，West 和 Farr（1989）认为团队因素同样对于个体创新行为有所影响。

在组织因素中，许多研究集中在领导和管理风格对创新的影响方面。尽管在此方面没有明确的结论（不同的领导风格在不同的情景以及不同的创新阶段都被认为是有效的），但是比较一致的结论认为参与式或者合作式的领导风格更容易产生创新（Anderson 和 King，1993）。事实上，West（1990）认为决策过程的参与提高了员工对于决策结果的心理所有，因而员工能够提出完成任务所需要的改进方法。领导的回馈和认知被看作是管理风格的重要方面并与个体创新行为有关（King，1990）。Amabile 和 Gryskiewicz（1989）提出组织氛围对于个人创新行为有着显著影响，Cummings 和 Oldham（1997）的研究就指出组织工作环境会影响员工的创新行为，Scott 和 Bruce（1994）基于社会互动理论提出领导方式、工作团队关系以及问题解决风格除了直接影响个人创新行为外，还通过创新氛围间接影响个人创新行为。Janssen（2005）认为员工感知的影响与上级支持对个人创新行为产生交互影响。

此外，有学者强调创新行为的建立必须落实在个人、团队与组织等多个层次例如，King 和 Anderson（1995）认为在个人层次强调甄选及训练人才；团队层次则强调创新团队的建立；在组织层次强调组织变革、组织结构、组织氛围等。Wolfe（1994）也认为影响个人创新的因素有个人、组织及环境三类变量。另外，Woodman 等人（1993）提出的组织创新交互模式表明个人创新行为会受到认知能力、人格、知识、内在动机、社会与情境因素的影响。因此，从相关的文献回顾发现，个人创新行为的形成不只是某一层次因素单独作用的结果，单一层次上的研究会限制我们对创新过程的理解，事实上创新行为的影响因素至少应该跨越两个或以上层次（Baer 和 Frese，2003）。

表 4－3　个人创新行为影响因素的国外研究现状

变量类型	变数	研究者举例
领导	领导成员关系	Scott 和 Bruce（1994）；Shin 和 Zhou（2003）；Basu 和 Green（1997）；Krause（2004）；Sanders 等（2010）；Pieterse（2010）；朱瑜、王凌娟、李倩倩（2015）
	领导角色期望 管理风格	Scott 和 Bruce（1994）；Oldham 和 Cummings（1996）；张丽华、朱金强、冯彩玲（2016）
	领导特质	Rickards 和 Moger（2006）；Tierney，Farmer 和 Graen（1999）；罗瑾琏、赵莉、钟竞（2016）
工作团队	团队特征	Jin Nam Choi（2007）；周娜、钟建安（2011）
	团队过程	Taggar（2002）；杨付、张丽华（2012）
个体特质	认知、思维	Scott 和 Bruce（1994，1998）；Axtell 等（2000）
	人格	Janssen（2005）；Shin 和 Zhou（2003）；Bunce 和 West（1995）；Oldham 和 Cummings（1996）；Kelly（2006）；袁庆宏、王双龙（2010）

续表

变量类型	变数	研究者举例
心理状态	心理氛围、心理授权	Axtell 等（2002）；Bunce 和 West（2008）；Scott 和 Bruce（1994）；Knol 和 van Linge（2009）；Ghani，N. A. A 等（2009）；逄键涛、温珂（2017）
	动机、预期（印象）结果	Tierney，Farmer 和 Graen（1999）；Shin 和 Zhou（2003）；Yuan 和 Woodman（2010）
	组织承诺、公平、满意度 组织支持感	Janssen（2005，2000）；Basu 和 Green（1997）；Jafri，M. H.（2010）；Sanders，K. 等（2010）；陈倩倩、樊耘、李春晓（2018）
	感知的情境、影响，信念	Krause（2004）；Janssen（2005）；Pundt（2010）
	压力	孙健敏等（2018）
社会网络	动态、静态	Perry－Smith 和 Shalley（2003）；Amabile 等（1996）；黎晓燕、井润田（2007）
工作特征	工作要求	Janssen（2000）；阎亮、白少君（2016）
企业环境、结构与实践	目标、组织结构	Oldham 和 Cummings（1996）；Kimberley 和 Evanisko（1981）；王艳子、罗瑾琏（2011）
	技能的变化性、时间压力	Katrin（2009）；张敏（2014）
	组织政策、结构授权、文化	Knol 和 van Linge（2009）；Carmeli 等（2007）；Slagter（2009）；Zhou（2010）；杨晶照、杨东涛、孙倩景（2012）
	组织外环境	Kimberley 和 Evanisko（1981）；王娟茹、张渝（2018）

资料来源：本书整理。

综上，尽管新观点的表达和实施都属于员工创新过程的构成部分，而当前的许多文献对多阶段的创新行为的关注依然显得不够，作者通过 EBSCO、Emerald 以及 Elsevier 等数据库进行检索，发现对创意影响因素进行研究的论文数量比个人创新行为的要高出很多。现有文献在个人创新行为个体层次的影响因素方面进行了比较多的探索，也取得了不少的成果与发现，但是并不意味着个体层次影响因素的研究达到饱和。例如，职业认知、知识活动特征以及管理策略等（Carson 和 Bedeian，1994；Herderson 和 Clark，1990）方面的研究在当前的文献中还少有涉及。此外，由于创新过程包含了成员对于创新环境的知觉以及成员之间的互动，当前的研究对于个体创新行为有效发挥情境因素的研究也是有限，尤其是团队环境下成员的创新行为，往往是成员个体、团队特征与结构以及团队过程交互作用的结果（Marks、Mathieu 和 Zaccaro，2001）。

4.3.3　个人创新行为的作用效应

有关个人创新行为影响效应的研究比较有限。Li - Chun Chang 和 Chieh - Hsing Liu（2008）认为个人创新行为有助于增加员工的工作生产率。Janssen（2004）认为应该把个人创新行为作为独立自变量，去分析个人因创新而带来的各种结果，并探索这些影响作用发生的具体调节因素，并首次比较系统提出了个人创新行为影响结果的分析框架，如图 4 - 2 所示，个人创新行为对自我和环境的改变有助于员工有效地适应工作，促使能力 - - 需要的匹配，绩效提升、工作满意、减轻压力、更好的人际关系、福利以及个人成长等（Janssen，2004）。

Woodman、Sawyer 和 Griffin（1993）提出了个体层次创新的互动模型表明，个体创新不仅是人口变量、个性特征、社会影响

（如社会促进和社会回报）以及情境因素共同作用的结果。在该模型中，个体创新是人口变量、认知风格与能力、个性特征、社会影响（如社会促进和社会回报）以及情境因素共同作用的结果。如图 4－2 所示，用函数表达式解释为 CI = f（A，CS，P，K，IM，SI，CI），各字母变量代表的具体含义见图 4－2。同时，个人创新活动的结果成为更高层次创新的输入变量，即团队创新是个人创新、团队构成、团队特征以及团队过程共同作用的结果，用函数表达式解释为 CG = f（CI，COMP，CHAR，PROC，CI），各字母变量代表的具体含义见图 4－2。由此可见，团队创新是个人创新行为的结果，虽然该模型只是提出了研究框架，并未进一步进行实证研究，但是该模型表明团队创新结果是经过个体、团队及组织采用新的知识或相关的共识，共同努力而形成的新产品或流程，而不仅仅是某一期间内产生的新产品或提供的服务数量（Ettlie、Bridges 和 O'Keefe，1984），因此，个人创新行为会导致团队层次上的创新。

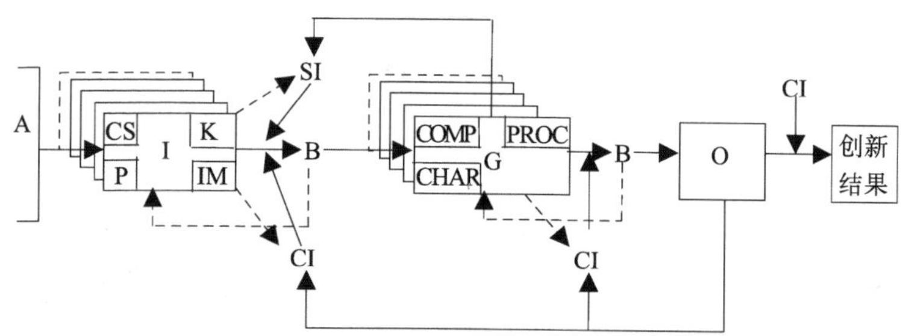

I = 个人　G = 团队　O = 组织　C_I = 个人创新行为　C_G = 团队创新

A = 前因变量　B = 创新行为　P = 个性特征　K = 知识

CS = 认知风格或者能力　IM = 内在动机　SI = 社会过程影响　CI = 情境因素

COMP = 团队构成　PROC = 团队过程　CHAR = 团队特征

图 4－2　Woodman 等人提出的创新过程模型

资料来源：Woodman，R.，Sawyer，J.，Griffin，R. Toward a theory of organizational creativity. Academy of Management Review，1993，18：293～321.

个人创新行为会导致团队层次上的创新。由于员工在组织社会化以及社会信息程序与学习的过程中，将会在组织或者团队层次呈现出同质化的行为（homogenous behaviors）。因此，创新行为将会通过由下而上的过程而产生协同现象，并会经由上行过程而影响团队创新绩效。因此，从更高层次来研究个人创新行为对创新绩效的影响不仅是可行的而且是必要的。例如，台湾学者刘惠琴（2007）的研究证明了团队层次创新行为对于团队创新能力的影响作用。

个人创新行为可能带来的消极后果也得到了学者的重视。Janssen（2003）以荷兰一所中学的91名教师为样本，发现个人创新行为与同事冲突和同事关系满意度分别正相关和负相关，而且员工的卷入程度将调节它们之间的关系，即当员工是高卷入的时候，个人创新行为与同事冲突的正相关关系更加明显，个人创新行为与同事关系满意度的负相关关系更加明显。同事冲突中介了个人创新行为与同事关系满意度之间的关系，即个人创新行为影响同事之间冲突并进一步导致同事关系满意度的下降。此外，个人创新行为还可能引起创新失败和绩效的降低（Janssen，2003）。

个人创新行为的消极后果研究还包含了对创新行为表现者的关注。创新行为的表现者更容易和改变的抵制者发生冲突，这些冲突可能会导致创新者降低对同事或主管的正向情绪。由于创新行为需要在认知和社会政治方面的巨大付出与努力，除了大量而复杂的要求外，向抵制变革者阐明创新的好处也是困难的。因此，个人创新行为会引起创新者的压力与紧张（Janssen，2004），如图4－3所示。

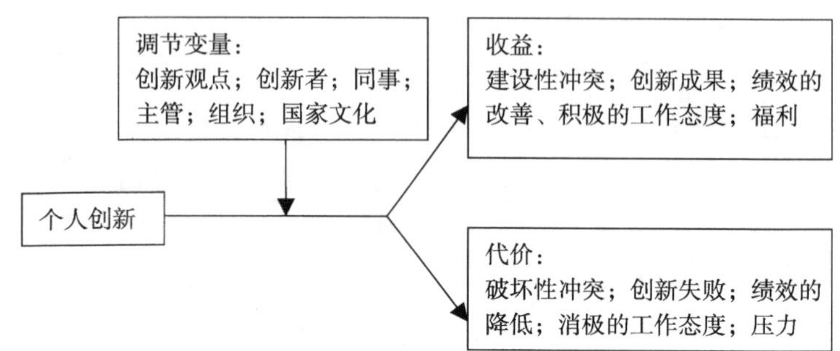

图 4－3　Janssen 提出的个人创新行为的收益及代价模型

资料来源：Janssen，O.，Van De，V. West，M，The bright and dark sides of individual and group innovation：a Special Issue introduction，Journal of Organizational Behavior，2004，25：129～145.

4.3.4　未来研究方向

首先，创新行为方面的研究大部分集中于组织和个人层面的分析，团队互动之后形成的许多团队特征如团队信任、共同心智模式等对个人创新行为的影响值得进一步研究。例如，Mayer（1995）的研究认为成员之间的相互信任能够增加工作团队中的合作与信息共享行为，而这种合作与信息共享行为是个人创新所必需的要素，团队有效的讨论和沟通有助于知识与经验资源的扩展和对对方需要了解（Agrell 和 Gustafson，1996；Nemeth 和 Owens，1996）。在个体层次上，员工所认为组织报酬是否公平可能是一个重要的因素，员工付出的创新活动是否能换取有利的回报，取决于组织分配报酬的公平性（Aryee，2004）。同样，员工对上司或组织政策的信任也可能影响员工能否在工作上产生新的观点或者采用新的方法去完成工作任务（Jeroen，2008）。在此基础上，未来的研究有必要进一步探讨这些个人层次影响因素之间、团队层次影响因素之间以及个人层次和团队层次影响因素之间的交互作用，以期更多的研究发现来增强对管理实践的解释力。

其次，个人创新行为作为更高层次创新的输入变量（Woodman 和 Schoenfeldt，1990），未来研究应该进一步探索个人创新行为聚合成团队层次变量后所产生的个人结果或者团队结果，并探讨创新行为在团队内的共有性和构形性突现对团队创新绩效产生影响的作用机制，通过探索团队创新行为在团队内的不同行为结构对团队创新绩效产生的影响，可以使未来的研究从关注团队的整体表现和平均水平转向关注行为在团队内的表现结构以及团队成员在创新行为上的差异性对团队创新绩效的影响。个人创新行为是否真能协助团队达成创新目标？团队层次的创新行为是否也会影响团队创新绩效、个人的组织承诺、工作满意度等？这些问题尚待后续研究证实。此外，后续研究有必要进一步探索个人的创新行为的消极后果，例如，冲突、紧张情绪、压力和绩效的降低等，在此基础上探索创新者个人、同事或主管、组织以及国家文化在其中所可能扮演的调节机制（Janssen，2004）。

再次，有必要进一步探讨东西方的工作价值观差异，因为东西方价值观的差异会影响个体的创新行为。华人员工价值观认同度的高低会影响个人的创新行为，持有不同华人工作价值观者对于创新过程的认识可能有所不同，或因持有不同的认知导致不同的创新行为。例如，Huang（1998）等学者的研究将华人工作价值观分为“实用”和“勤勉”两个维度来。重视薪资、学历以及讲究人情或良好关系的“实用”维度，可能由于强调外在条件的追求或是人际关系的运用，并无法增进自身对工作的喜欢，这样可能会造成内在工作动机的减少以及团队迷思的出现，而忽视了自身的学习创新功能，从而使得个体创新行为的产生受到一定的抑制。因此，华人工作价值观对于个人创新行为的影响也需要引起重视。

最后，个体创新行为的研究要考虑中西方的文化差异并进行比较研究。中国是集体主义文化的国家（Hofstede，1980），集体文化更强调个人对整体的和谐与顺从，服从集体的利益、目标以及规范。员工的个人创新行为往往被看作对团队和谐的破坏或者对团队主管的挑战，比西方个人主义社会具有更大的个人风险和群体压力。但是，由于中国集体主义文化的影响，人们倾向于形成相依自我观（Markus 和 Kitayama，1991），团队成员表现出来的行为具有较高的社会取向（杨国枢，2005）。因此，要激发团队成员的个人创新行为，并不一定完全出自个人喜好或自主意愿（姜定宇和郑伯埙，2003），即当工作团队期望成员表现出创新行为时，员工的创新行为就会表现得越多。因此，在中国背景下开展创新行为形成机理的研究需要考虑我国不同于西方个人主义的文化环境。

4.4 个体层次创新研究的示例

4.4.1 心理授权与主动性人格对创新行为的影响研究①

组织在面临复杂多变的环境下（Van Offenbeek 和 Koopman，1996），创新成为管理变革最常见的应对方式（Jackson，1996），然而早期研究主要关注被组织引进的创新，并且很大程度上局限于自上而下的创新方式，其主要是通过高管人员引入到企业之中，而对于自发创新或者被组织中基层人员引入的创新并没有得

① 此处的部分内容发表于：《当代财经》，2010（11）：69～76.

到足够的重视（Agrell 和 Gustafson，1996；West 和 Wallace，1991）。因而本书拟对企业中基层人员的创新行为进行研究。

（1）个体创新行为文献综述及问题的提出

个体创新是一个丰富却不易理解的概念，不同学者以不同的方式加以定义（Goldsmith，1986），这些研究主要通过个人的特质、行为以及产出对个体创新加以概念化（Kleysen 等，2001）。Hurt 等（1977）将个体创新定义为一种广义上愿意改变的意愿，而 Jackson（1976）用人格量表测量个体的创新特质。Kirton（1976）认为个体存在于一个连续带之上，连续带两端分别为个体"将事情作得更好的能力（do things better）"和"以不同方式处理事情的能力（do things differently）"，即个体偏向于适应和创新之间的一种状态。Kirton（1976）指出，适应者在现存的知觉框架（perceptual frames）中解决问题，而创新者的工作则是重建此知觉框架。另外，West（1987）所衡量的角色创新（role innovation）是指工作者与上一位工作者相比，个人于其工作上所作改变的量。Amabile（1982）在研究个人创造力时通过特定产品领域专家来衡量个体所制造产品的创意程度。

除了利用个人特质以及产出来定义个体创新外，还可以通过行为来定义个体创新。Kleysen 和 Street（2001）将个体创新行为定义为"将有益的创新予以产生、导入以及应用于组织中任一层次的所有个人行动"。有益的创新包括新产品构想或技术的发展、为了改善工作关系所作的管理程序的改变，或是为了显著提升工作程序的效率及效能所应用的新构想或新技术。

目前有关个体创新行为影响因素的研究主要集中在个体智力、任务特质、工作环境以及领导行为等方面。而对于对个体创新行为的心理动机因素尤其是心理授权与个体创新行为之间关系的研究则非常有限。因此我们可能忽略了这样一个问题：员工参与创新行为的意愿是否依赖于其心理授权程度。心理授权不同于性格特征，而受工作环境影响的多个认知或者状态，属于内在的任务动机，并产生对工作的积极倾向（Thomas 和 Velthouse，1990）。在心理授权各因素的共同作用之下，企业员工会全身心地投入到创新行为当中。另外，由于主动性人格是在组织行为研究框架中提出的，目前关于主动性人格方面的研究主要集中在个人工作绩效、工作和生活满意度、领导能力、职位升迁、组织变革和创业、离职意愿等方面，这些研究发现主动性人格都具有显著的预测作用。但是针对主动性人格特质与个体创新行为的研究并不多，尤其是把主动性人格特质作为创新行为激发过程中的调节因素鲜有涉及。因此，本书拟对以上这些问题进行研究。

（2）研究假设及理论模型

Thomas 和 Velthouse（1990）把心理授权定义为受到工作环境影响的多个认知状态并产生对工作的积极倾向。Thomas 和 Velthouse（1990）认为心理授权是一个认知的综合体。Spreitzer（1997）提取了来自于心理学、社会学、社会工作以及教育学有关授权的不同学科的文献，提出了意义感、自我效能感、自我决定性和影响等四个维度。基于前人的研究基础，结合本书的目的，以下我们将分别分析心理授权的四个维度以及主动性人格特质与个体创新行为的关系。

①意义感对个体创新行为的影响。当员工认为所从事的工作有趣且能充分体现他们的个人价值时，他们就会对自己的工作以更大的投入。每个个体都有一种从工作中寻求意义的基本动机，个体越认为工作有意义，就越有动力去投入工作。但是，这些意义是否能真正转化为员工的创新动力，则取决于员工个体对创新意义的感知。企业中的每个成员对于参与工作创新的后果有一定的期望，例如，获取知识、获得回报、增加技能、实现个体和团

队绩效目标等。成员越认为这些期望能得到满足，就越认为创新行为是有效的，进而个体创新行为越容易产生。相反，当员工认为他们创新过程并不能实现期望的目标、没有过多的价值和意义时，就会导致团队成员创新动机缺失或社会懒惰等现象的发生，个体创新行为就会减弱。因此，本章节提出假设1：

H1：心理授权的意义感有助于个体创新行为的形成。

②自我效能感对个体创新行为的影响。自我效能感 Bandura (1986) 是社会认知理论的重要组成部分，自我效能感影响和决定人们对活动的选择性和坚持性，自我效能水平高者倾向于挑战性任务，富有探索和冒险精神，意志力坚强，遇到困难能坚持下去；自我效能水平低者则相反。个人创新行为是将有益的创新予以产生、导入以及应用于组织中任一层次的所有个人行动。高自我效能感者能够主动并持续地进行这一活动，自我效能水平高者善于抓住机遇，主动学习新技能和新知识，并敢于尝试，及时巩固和强化创新行为，善于将产生的新想法付诸于实践。而自我效能水平低者往往观念保守，思维模式较单一，缺乏自信，不敢尝试，已有的想法或观点也未能得到有效呈现。因此，本章节提出假设2：

H2：心理授权的自我效能感有助于个体创新行为的形成。

③自我决定性对个体创新行为的影响。自我决定性能够使得员工的工作内容更加丰富和挑战性，从而满足员工的成就感、荣誉感。因此，自我决定性能极大地激发员工的工作热情以及工作的主动性和创造性，只有员工具有自主性的时候，其完全能够展现自己的想法和意见，促进思想或者疑问在团队能的传播。因此，具有自主性的成员能够深化对彼此观点的理解和洞察，有助于在复杂问题解决能力方面的培养，创新经验的积累等。Gist 和 Mitchell (1992) 指出当员工在工作上获取更多的自主决定权时，

他们自我能力的感受程度会增加。被授权的员工在工作中也能承担起责任并在工作时更加积极主动，而且更有效率（Quinn and Spreitzer，1997）。基于此，本章节提出假设3：

H3：心理授权的自我决定性有助于个体创新行为的形成。

④影响对个体创新行为的影响。影响是指个体感知到的能够影响战略、管理或者工作运行结果的程度（Ashforth，1989）。当企业员工能够有效地执行重要任务的时候，例如计划工作、协调员工或者管理人际过程，他们就会感觉到自身的工作是有价值的，并且认为自身对团队甚至组织有着重要的贡献。由此企业成员就会有必要的动机去做出恰当的工作方面的调整（Kirkman 和 Rosen，1997），而这种调整恰恰是个体创新行为所必须的。John Dewey（1922）认为创新不是习惯性的行为，这些行为的发生依赖于对结果或者共同目标的理解，如果员工对自身工作的理解仅仅停留在被动的执行，那么这样一系列的创新行动就不会发生，尤其是不会有更多的反思和行为上的修正。因此，本章节提出假设4：

H4：心理授权的影响感知有助于个体创新行为的形成。

⑤主动性人格对个体创新行为的影响。目前针对个性因素的研究几乎很少涉及主动性人格特质，Frese 和 Zapf（1994）则认为行动是目标导向行为，在目标设定和计划实施上，个体具有差异性，会形成个体独特的行动风格。主动性人格作为是一种主动改善当前环境或者创造一种新环境的行为，是对现状的挑战而不是被动地适应当前的情境（Crant，2000）。但是这个概念得到较少的理论或实证关注，本书试图基于国外已有研究来验证在中国这个以东方文化为主的情境中主动性人格对于工作绩效的预测力。基于此，本章节提出假设5：

H5：主动性人格特质会促使个体创新行为的形成。

⑥主动性人格对心理授权与个体创新行为之间的关系的调节机制。尽管心理授权作为多个积极的工作倾向，对个体创新行为产生影响。但是这种影响过程会受到个体主动性人格特制的影响，主动性特质是个体自发地采取积极的方式，通过克服各种障碍和困难，去完成工作任务并实现目标的行为特征。Crant（1995）认为具有主动人格特质的个体是“相对不受环境压力的限制并且能够影响环境的变化；能够识别机会并且付诸行动；展现出主动性，采取行动，并且一直坚持直到取得有意义的改变”。因此，主动性特质较高的个体较少受到外部环境因素的影响，能够将控制作为对自己行动的激励（Eagly 和 Chaiken，1993）。相反，主动性特质较低的个体的创新行为的形成更多依赖于企业政策和授权实践。因此，本章节提出假设 6：

H6：主动性特质对于心理授权与个体创新行为的关系具有负向调节作用。

（3）研究方法

①被试。本书所用数据采用问卷调查的形式收集。研究被试来自北京、南京、江西、重庆、兰州 12 个企业的员工，这些企业所涵盖的领域包括网络信息服务、汽车制造以及银行等。采用便利性抽样的方法本次调查共发放问卷 220 份，回收有效问卷 174 份，回收率为 79.1%，其中有效问卷为 162 份，有效问卷回收率为 73.6%。样本的分布情况如表 4－4：

②变量的测量。心理授权问卷采用学者 Spreitzer（1995）的原始问卷，有意义、自我效能感、自我决定性和影响感知等四个维度，共 12 个衡量问项。个体创新行为的测量采用 Janssen（2000）的原始问卷，共 9 个问项。主动性人格特质问卷改变自学者 Thomass S. Bateban（1993）的原始问卷，共 17 个衡量问项。全部采用李克特 7 分制进行记分，刻度分别从“非常不同意”

表 4-4　　样本分布表

指标	属性	频数	百分比	指标	属性	频数	百分比
职位	中高层管理者	28	17.5	年龄	45 岁以上	3	2.0
	基层管理者	58	36.1		35~45 岁	25	15.3
	技术业务骨干	33	20.6		30~35 岁	41	25.5
	一般员工	42	25.8		25~30 岁	78	48.0
性别	男	122	75.3		25 岁以下	15	9.2
	女	40	24.7	任期	1~3 年	58	35.7
学历	博士	3	2.0		3~5 年	46	28.6
	硕士	25	15.3		5~8 年	25	15.3
	本科	41	25.5		8 年以上	33	20.4
	大专	78	48.0				
	高中及以下	15	9.2				

“不同意”“有点不同意”“不确定”“有点同意”“同意”“非常同意”，所有问项均无反向计分。心理授权问卷和个体主动性人格问卷由企业成员填写，个体创新行为问卷由成员的同事进行评价。控制变量主要包括性别、学历、工作年限、年龄、性别等人口变量等。

③研究程序。首先与参加研究单位各部门的相关负责人进行沟通，确定选取的员工样本。然后将相关问卷分发给部门成员和该成员的同事，所有的成员都事先进行了编号。回收问卷后，运用社会科学统计软件包 SPSS17.0 以及 Lisrel8.70 进行统计分析。

（4）数据分析

①相关分析及信效度检验。表 4-5 列出了各研究变量的平均数、标准差、各变量间的相关系数及量表信度系数。尽管本书采用国外学者的量表并经过了研究团队严格的翻译程序，但仍然有必要检验这些量表的信效度。从表 4-5 中我们可以看出，各

研究变量的 CronBach's α 系数值在 0. 74～0. 90 之间，均不低于可以接受的 0.70，说明这些变量的信度是可以接受的。相关分析的结果表明心理授权各维度之间以及他们与主动性特质、个体创新行为等总体上存在显著正相关。

表4－5　各研究变量的平均数、标准差、相关系数和信度系数

变量	平均数	标准差	1	2	3	4	5	6
1 意义	4. 05	0. 83	(0. 87)					
2 自我效能感	3. 44	0. 82	0. 286 **	(0. 77)				
3 自我决定性	4. 00	0. 60	0. 346 **	0. 136	(0. 74)			
4 影响感知	3. 19	1. 05	0. 326 **	0. 257 **	0. 184	(0. 83)		
5 主动性特质	3. 63	0. 53	0. 530 **	0. 262 **	0. 443 **	0. 241 *	(0. 88)	
6 个体创新行为	3. 75	0. 64	0. 512 **	0. 258 **	0. 463 **	0. 304 **	0. 625 **	(0. 90)

注：* $P < 0.05$，** $P < 0.01$；括号内数据是各研究变量在正式调查中的内部一致性系数。

在做验证性因子分析之前，我们先对量表进行了 KMO 测度和 Bartlett 球体检验。结果显示心理授权问项的 KMO 值为 0. 72，Bartlett 球体检验结果 Sig. ＝0. 00（小于 0. 01），并运用最大方差法得出四个因子，累计解释方差量为 70. 15%；个体创新行为问项的 KMO 值为 0. 892，Bartlett 球体检验结果 Sig. ＝0. 00（小于 0. 01），并运用最大方差法得出一个因子，累计解释方差量为 60. 54%。主动性特质问项的 KMO 值为 0. 812，Bartlett 球体检验结果 Sig. ＝0. 00（小于 0. 01），并运用最大方差法得出一个因子，累计解释方差量为 70.15%。以上结果均是比较理想的数值，构念结构与量表的理论维度完全一致，表明本书的数据适合用来做因子分析。

在此后本书用软件 lisrel8.70 分析测量概念的效度。心理授权验证性因子分析的拟合指标值有：$x^2/df = 2.497$，RMSEA = 0.06；CFI = 0.86，NFI = 0.82；个体创新行为验证性因子分析的拟合指标值有：$x^2/df = 2.870$，RMSEA = 0.02；CFI = 0.91，NFI = 0.89；主动性特质验证性因子分析的拟合指标值有：$x^2/df = 4.655$，RMSEA = 0.019；CFI = 0.82，NFI = 0.92。根据班特勒（1990）等的建议，x^2/df 值大于 2 并小于 5 则表示可以接受，RMSEA 小于 0.08 时则表示比较理想，CFI、NFI 的指标值大于 0.9 时，认为模型拟合程度较好；若大于 0.8，模型则可以接受。因此，本书采用的量表具有一定的构念效度。

②回归分析。我们采用 SPSS13. 0 软件，利用多元回归分析，验证本章节的假设。本书对数据中的缺失值（Missing Date）均采用了平均值替代的方法进行处理，表 4－6 报告了运用层级回归方法对假设的检验结果。根据本书的研究设计，首先让控制变量进入回归方程；其次加入解释变量心理授权的四个维度；再放入主动性特质变量；最后放入主动性特质与心理授权各个维度的交叉项。表 4－6 的最后一列标示的是模型 4 中变量的方差膨胀指数（VIF），所有的 VIF 都在普遍接近于 1，范围在 1～2 之间，这说明不存在多重共线性问题。各个 R^2 值以及 ΔF 值的显著性水平表明回归模型的总体效果理想。

结果显示，控制变量中，职位和性别对个体创新行为具有显著影响，解释了个体创新行为的 3.4%（$F = 4.83$，$p < 0.01$）。在回归分析的第二步当心理授权变量放入回归方程时，模型对于个体创新行为的解释能力增加了 20.6%（$\Delta F = 9.240$，$p <$

0.01)。即表示在去除控制变量的影响作用之外，心理授权除影响维度外，意义、自我效能感、自我决定性三个维度均对个体创新行为具有显著的影响作用，假设 1、假设 2 和假设 3 得到了验证，但假设 4 没有得到验证。为了检验本章节的假设 5，并且力求在检验调节效应之前清除主动性特质本身可能存在的对个体创新行为的影响，在第三步当主动性特征放入回归方程时，模型对个体创新行为的解释能力增加了 11.8%（$\Delta F = 23.402$，$p < 0.01$），说明主动性人格特质对个体创新行为具有显著的影响作用。因此本章节的假设 5 得到了验证。在第四步当心理授权各维度与主动性特质的乘积项进入回归方程时，结果发现乘积项的进入使模型对员工个体创新行为的解释能力显著地增加了 8.9%（$\Delta F = 6.092$，$p < 0.01$），需要说明的是，除自我效能感维度外，意义、自我决定性性和影响维度与主动性的交互项的回归系数都是负数，这意味着主动性特质得分较高（低）的员工，心理授权的意义、自主性和影响维度与个体创新行为的关系相应变得更弱（强），因此，本章节的假设 6 基本上得到验证。

表 4-6　心理授权以及主动性特质对个体创新行为的回归分析结果

变量	因变量：个体创新行为				VIF
	模型 1	模型 2	模型 3	模型 4	
	Beta	Beta	Beta	Beta	
第一步 控制变量					
1. 职位	-0.360**	-0.195*	-0.135**	-0.175*	1.276
2. 文化程度	-0.126	-0.129	-0.118	-0.143*	1.092
3. 年龄	0.062	0.071	0.014	0.005	1.388
4. 性别	-0.204*	-0.189*	-0.101	-0.095	1.383
5. 工作年限	-0.070	0.001	0.013	-0.054	1.615

续表

变量	因变量：个体创新行为				VIF
	模型 1	模型 2	模型 3	模型 4	
第二步 解释变量					
6. 意义		0.264 **	0.027 *	0.730 **	1.223
7. 自我效能感		0.043 **	0.013	-0.110	1.434
8. 自我决定性		0.308 **	0.165 *	0.818	1.222
9. 影响		0.067	0.078 *	1.249 *	1.819
第三步 调节变量					
10. 主动性特质			0.452 **	1.880	1.092
第四步 调节变量 × 自变量					
11. 意义 × 主动性特质				-1.010 *	1.383
12. 自我效能感 × 主动性特质				0.185 *	1.615
13. 自主性 × 主动性特质				-1.063 *	1.592
14. 影响 × 主动性特质				-1.400 *	1.223
Adjusted R Square	0.192	0.398	0.516	0.605	
⊿F	5.792 **	9.240 **	23.402 **	6.092 **	

(Dependent Variable：个体创新行为)

(5) 研究结果与讨论

本书以中国企业基层员工作为样本，检验了员工的心理授权对于个体创新行为的解释能力，并验证了主动性特质在员工个体创新行为的决定过程中确实存在着一定的调节作用。本书的主要结论如下：

第一，员工是否形成个体创新行为依赖于其心理授权程度。心理授权增加了个体创新行为形成的心理因素，当团队成员感受到充分授权以后，员工感知到的意义、效能感以及自主性会促使员工形成创新行为。由于心理授权的影响维度与个体创新行为的关系不够显著，造成这种结论可能是因为样本选取的原因使得影响维度的变异过大（SD = 1.05，均大于心理授权其他维度），还有可能是影响维度会受到其他因素的调节，例如 Onne Janssen（2005）发现感知到的影响对个体创新行为的关系要受到组织支持感的调节。该结论展示给我们重要的管理启示：为提高员工个体创新行为，员工应有相应的心理授权感受或者体验，确保是其感受到工作的意义、自我效能感、自我决定性以及影响。

第二，控制了员工的人口学特征和心理授权的影响后，主动性特质使模型对个体创新行为的解释能力显著地增加了 11.8%。这就说明主动性特质是员工个体创新行为的一个重要的解释变量。Bateman（1993）等也指出，主动性人格作为一种倾向性的特质结构会影响个体采取行动改变环境的过程。尽管有学者认为主动性人格只是大五人格中的一个组成部分并由大五人格的亚特质组成的。但 Major 和 Turner 等大五人格的亚特质加起来只能解释主动性人格中 26% 的方差变异，因此，主动性人格特质对于创新行为的预测效果对于企业员工的尤其是创新性角色员工的吸引与选拔具有重要意义。

第三，在检验心理授权各维度与主动性人格特质的交互效应过程中发现：主动性人格特质对于心理授权与个体创新行为的关系整体上存在显著的调节作用。对于主动性特质较高（低）的员工，心理授权的意义、自我决定性和影响维度与个体创新行为的关系相应变得更弱（强），这可能意味着主动性特质比较低的员工为了激发其创新行为更需要进行心理授权。而对于主动性特质较高的员工，培养其自我效能感就成为关键的管理手段。为建立这些心理动机，企业需要采取一些相应的措施，例如，企业可以把组织政策、流程、实践以及结构从控制系统改变为高参与实践，在高参与实践中，组织的权利、知识、信息以及报酬在组织层次较低员工中共享（Bowen 和 Lawler，1995）。管理人员也可以改变管理实践使得员工自行决定他们如何修复服务投诉而不需要等待上级的批准来实现顾客满意。

本书还有必要进一步探讨东西方的价值观差异，因为这种价值观差异反映在个体创新行为上。华人员工价值观认同度的高低会影响心理授权与个体创新行为的作用过程。持有不同华人工作价值观者对于创新过程的认识可能有所不同，或因持有不同的认知导致不同的创新行为。例如，Huang（1998）等学者的研究将华人工作价值观分为“实用”和“勤勉”两个维度来。然而重视薪资、学历、以及讲究人情或良好关系的“实用”维度，可能着重于外在条件的追求或是人际关系的运用，并无法增进自身对工作的喜欢，这样可能会造成工作内在动机的减少以及团队迷思的出现，而忽视了自身的学习创新功能，从而使得个体创新行为的产生受到一定的抑制。因此，华人员工的工作价值观也将是以后理论研究需要重视的方面。

4.4.2 员工的时间压力与个体创新双元性研究

早期的研究认为组织不可能同时进行创新的探索行为与利用行为，是因为两种创新行为之间存在着紧张与矛盾（March，1991；Raisch 等，2008）。后来学者们逐渐意识到两种行为的平衡对于组织而言相当重要，并研究两种行为平衡的实现方式（Lavie 和 Rosenkopf，2006）。总体而言，这些方式包括情境双元模式、结构分离模式、时间分离模式以及领域分离模式等，其中情境双元模式得到研究者的关注最多，该模式要求组织同时表现出探索行为与应用行为。组织层次的双元性需要个体层次的双元性来实现，然而，个体层次上的个体双元性研究尤其是其影响因素的研究还非常有限。事实上，个体双元性的实现依赖于时间资源这一条件，员工不仅需要在有限的时间条件内完成探索行为与利用行为，而且还需要在两种行为之间灵活地分配时间。因而，员工在特定的时间压力下，平衡地实施探索行为与利用行为以确保双元性的实现就显得非常重要。

员工探索行为与利用行为的表现依赖于一定的时间条件，时间的多少会影响员工的信息处理过程，而搜寻到的信息是员工有效完成任务必要条件（Jha 和 Bose，2016）。因此，信息处理在时间压力与个体双元性之间是否具有中介作用也值得去进一步研究。再者，领导的时间管理在帮助下属完成工作，以及调适下属工作的节奏性等方面具有重要的作用，当前学者也将研究焦点从“领导者如何分配自己的时间”转移到“领导者如何管理下属的时间”。根据这一趋势，本书还将整合时间型领导方面的研究成果，分析时间型领导是否影响时间压力与个体双元性之间的关系。综上，本书在探索时间压力对个体双元性直接效应的基础上，还将分析员工信息处理的中介效应和时间型领导的调节效应，以期对时间压力与个体双元性之间的关系有更加全面的理解。

（1）个体双元性及其相关研究

探索行为与利用行为的概念被提出以后，组织双元性的研究一直是创新管理的重要课题（Chang 和 Hughes，2012）。O'Reilly 和 Tushman（2004）认为双元性的组织不仅需要双元性的领导或者团队，而且在个体层次也有存在双元性的必要。然而以往关于探索行为与利用行为的研究大多集中于组织层次，个人层次的双元性不管是理论研究还是实证研究都比较有限。最近几年，部分学者开始呼吁采取微观方式研究员工如何和谐地进行探索行为与利用行为（Felin 等，2012；Foss，2011），例如，Mom 等

(2012) 研究了管理人员的双元性，认为探索行为是对新机会的搜寻、发现、创造以及实验等，而其利用行为则是指选择、实施、改进以及优化当前确定的方案等，他们在此基础上将管理人员的双元性定义为“在特定的时间进行相关活动所表现出来的探索与利用的倾向”。Rosing 和 Zacher (2016) 则研究了一般员工的双元性，将探索行为定义为不依赖于现有的知识，不断进行试验，寻找替代方案以及从错误中进行学习，改变惯例或者尝试新颖的方式等；利用行为则是指采用既有的方式完成任务，依赖先前的经验并改进那些比较熟练的操作等。综合当前学者的研究，本书将个人层次的探索行为定义为通过学习新的知识与技能，修改当前的惯例而探索具有竞争力的方案；利用行为则是运用当前的知识和技能，以期在效率与效能方面的短期改进 (Gibson 和 Birkinshaw，2004；Kang 和 Snell，2009)；个体双元性是指员工组合并平衡探索行为与利用行为两种活动的倾向 (Mom 等，2009)。

个人层次双元性的研究主要集中于其影响后果方面，例如，Jasmand 等学者 (2012) 的研究表明，个体双元性对工作绩效具有积极影响。Good 和 Michel (2013) 将个人双元性看成是一个认知性的构念，其包括发散思考 (探索行为)、聚焦注意力 (利用行为)、认知灵活性 (探索行为和利用行为之间进行转换)，他们通过计算机模拟研究发现，个体双元性对适应性绩效的影响超过了智力水平的影响。目前，个体双元性影响因素的研究还比较有限。有的学者采取人力资源管理视角，认为组织双元性的增加可以通过人力资源管理实践来创造一种让员工表现出双元性的情境来实现，如高绩效工作系统 (Patel，Messersmith 和 Lepak，2013) 或者高参与人力资源实践等 (Prieto 和 Santana，2012)，然而该视角的研究只是在理论上讨论了员工的双元行为，但是在实证研究过程中又将个体的行为整合到组织层次；还有的学者从社会网络视角探讨了个体双元性的影响因素。例如，Rogan 和 Mors（2014）认为管理人员的网络特征有助于资源的分配以及探索行为与利用行为的分离，管理者的内部与外部网络有助于促进探索行为和利用行为。此外，有的研究还从领导的角度分析了员工的双元性（Rosing 等，2011），只有当领导同时表现出较高水平的开放型与封闭型风格的时候，才有助于支持与鼓励下属的探索行为与应用行为。总之，个体双元性的研究正在被越来越多的学者所重视，但是离较为全面地理解个体双元性还有较大的差距，本书拟从员工时间压力的角度来解释个体双元性的影响机制。

（2）研究假设

①时间压力与个体双元性。时间压力是员工感知到完成一个或者多个任务可利用时间的稀缺程度（Cooper，Dewe 和 O'Driscoll，2001）。时间压力是工作任务的常见特征，其理论方面的研究主要探讨员工在有限的时间内如何处理工作任务，以及感受到时间压力时如何化阻力为动力，以激发出员工的积极行为。本书根据双元性任务的要求，将时间压力定义为员工感受到没有充足的时间进行探索行为与利用行为，以及难于在两种行为之间分配时间的程度。时间压力影响后果的研究主要集中于时间压力与绩效之间的关系。有的研究认为时间压力有助于激励个体克服绩效实现过程的障碍（LePine 等，2005）；有的研究则认为时间压力和绩效之间存在负向的关系（McDaniel，1990），另外一些研究则发现了时间压力和绩效之间的倒 U 形关系（Baer 和 Oldham，2006）。值得关注的是，学者们还特别关注了时间压力与创新之间关系，大部分结论表明高度的时间压力会负向影响产品流程上的创意表现（Andrews 和 Smith，1996）、员工的创意认

知过程（Amabile 等，2002）、或者创新绩效等（Amabile 等，1996）。然而，也有研究认为中等程度的时间压力会有助于员工的工作参与，而工作参与程度会影响员工的创新表现，时间压力与创造性之间是倒 U 形关系（Baer 和 Oldharn，2006）。尽管时间压力与创新之间关系的研究有助于分析员工探索行为的发展，但还是无法解释时间压力对于探索与利用两种行为平衡的影响作用。

过大的时间压力下，员工不太愿意去发现完成任务的其他可能方式，他们只关心任务的执行以确保任务的按期完成，并以此作为其工作的首要目标（Waller 等，2002；Karau 和 Kelly，1992）。此外，时间压力过大的情境下，员工在完成任务时所占有的信息往往不够系统，并避免对其他方案或者行动进行深入的讨论与评估（Kelly 和 Karau，1999）。因此，过大的时间压力之下，员工更容易偏向利用行为而放弃探索行为。相反，不高或者适中的时间压力有助于员工表现出更多的认知弹性和付出更多的认知努力。Smith 等（1982）探讨了任务复杂性、任务重要性以及时间约束对决策策略选择的影响，结论发现在时间压力不高的情境下，员工对应用各种复杂策略的能力更有自信，因此，适中的时间压力将更容易实现探索行为与利用行为之间的灵活转换。另外，时间压力过低的情境下，尽管员工会有充足的时间去思考完成任务的各种可能性，但是可能没有足够的动力完成必要的探索行为与利用行为。总之，时间压力水平适中时，员工不仅能够保持双元行为所必要的节奏性和紧迫性，而且还促使探索行为和利用行为达到最大的平衡状态。根据激发理论，每个人都有适当的激发水平，当个人感受的时间压力过低或者过高时，由于激发程度不适当，工作的探索行为与利用行为都会随之降低或者失去平衡。基于以上分析，本章节提出假设 1：

H1：时间压力对个体双元性具有倒 U 形影响作用。

②时间压力与员工信息处理。时间压力并不是指完成任务的迫切性或者被暗示应该更快地完成工作，而是个体不时地对没有多少时间完成任务的主观评价，不管截止期限的规定从何而来，时间压力会限制个体思考所有可获得的信息（Suri 和 Monroe，2003）。根据 Miller（1960）的研究，员工在较高的时间压力下主要有加速、避免以及过滤等三种信息处理方式。加速是指以更快的速度处理信息，但是这种方式由于记忆或者处理能力的临时过载会导致错误增加；避免是以完全不同的方式处理信息，在时间压力之下个体会进行随机选择或者根据信息的突出特征进行选择；而过滤则是一种折中策略，也就是员工仅仅处理其主观上认为重要的数据。当工作任务复杂而时间较为紧张的时候，个体就会从补充性的信息搜寻方式过渡到非补充性的方式，减少信息的搜寻及处理。当前时间压力与员工信息处理的研究主要集中在决策领域的文献中，许多研究认为时间压力显著地影响信息处理过程（Gilliland 和 Schmitt，1993）。较大的时间压力下员工将加快信息的处理并努力使决策过程更有效率，而且还会对信息表现出较强的选择性以降低信息的数量。例如，找出那些简单的以及惯例化的规则以应对复杂的情境（Payne 等，1988）。根据 Janis（1983）的观点，时间压力还会导致员工减少对信息的注意，较大时间压力下的员工很可能会在没有足够可选方案的情况下进行决策，时间压力使得它们工作更加快速，这也会导致他们只是非常表面地审视那些最明显的选项，进而形成低质量的工作，例如，Gilliland 和 Schmitt（1993）利用过程追踪的决策任务发现，时间压力限制了获得信息的深度（可获得信息的数量）和广度（每条信息分析的时间）。基于以上分析，本章节推断员工感受的时间压力不利于信息处理过程，并提出假设 2：

H2：时间压力对于员工信息处理具有负向影响。

③员工信息处理与个体双元性。员工的信息处理对于组织行为和绩效具有重要的影响，员工通过关注那些不熟悉的、偏向外部的以及多种来源的信息，有助于扩展个体接收到信息的范围以及增加信息的丰富程度，进而影响到个体的行为逻辑以及绩效水平（Abebe，2012；Chen 等，2015）。例如，Daft 等（1988）认为管理人员处理的信息范围较大时有助于更好地完成企业绩效。Yadav 等（2007）研究了外部关注与创新结果之间的关系，也发现外部的关注有助于创新绩效；Li 等（2013）则从选择性注意以及注意强度的角度，发现了高层管理团队的信息处理对于新产品开发的积极影响。就员工信息处理与个体双元性的关系而言，学者们的实证研究比较少见，但有一篇研究最能够支持本书的观点，即 Laureiro – Martínez 等（2010）通过神经学的研究表明，个体的双元性是员工改变自身注意范围的能力，丰富的信息有助于个体处理矛盾的目标并轻松地进行平衡（Smith 和 Tushman，2005）。事实上，广泛的信息处理有助于探索更多地选择方案，所获得的信息有助于员工在原有知识的基础上进行更为大量的思维活动，扩展了员工的知识与经验资源，并且形成对潜在问题的多种解决方案及其评价。因此，员工如果能够有效地进行信息搜寻并获得知识，则有助于更好地进行探索。此外，员工的广泛的信息处理还有利于利用活动，员工的利用行为并不意味着只对既有模式的坚持，利用行为的实践过程践不可能是完全统一或者是无差别的，利用行为的实践将不可避免地引入了信息获取、诠释方法和目标的多样性等（Feldman 和 Pentland，2003）。因此，员工通过搜寻过程所获得的信息还将也有利于其利用行为。基于以上分析，员工的信息处理将有助于同时增进探索行为与利用行为。由此，形成本章节的假设 3 和假设 4：

H3：员工信息处理正向影响个体双元性。

H4：时间压力通过员工信息处理间接地影响个体双元性。

④时间型领导的调节作用。时间型领导是指在任务完成过程中组织、协调以及管理时间节奏的领导行为，其行为包括设置任务完成之前的关键时间点、协同员工的投入与产出、分配时间资源等活动，其目的在于确保任务的按时完成。时间型领导对于时间复杂性的认识有助于激发下属关注工作时间，并在既定的时间内调动各种资源（Mohammed 和 Nadkarni，2011）。例如，Gevers 等（2006）的研究表明，时间提醒（时间型领导的一个重要方面）与组织绩效、完成任务及时性积极相关。此外，有些研究还探讨了时间型领导在取得绩效过程中扮演的调节作用（Mohammed 和 Nadkarni，2011）。目前还很少有研究专门探讨时间型领导这一情境因素在个体实现双元性过程中所扮演的作用，然而，Shalley 和 Gilson（2004）的研究认为，个体在时间知觉方面存在差异，而且这些差异决定了员工对于领导行为的反应方式，因此，时间型领导在平衡挑战性的任务方面可能扮演着重要的角色。

领导的时间意识有助于员工对于时间条件（如时间压力）做出有效的回应（Janicik 和 Bartel，2003），与此同时，员工对时间的注意与高水平的任务活动正向相关（LePine 等，2005）。时间型领导通过分配时间资源，引导员工积极地看待时间压力，并启发员工探究解决问题的具体办法，这将有助于缓解员工的时间压力和解决员工的时间冲突，鼓励员工思考和讨论问题的其他解决方案，从而促进了员工的探索行为。另外，时间型领导还会提高员工的自信，积极地回应时间压力，并有条不紊地改进那些比较熟练的操作，从而有利于增进员工的利用行为。因此，当时间压力对个体双元性存在积极影响时，时间型领导将导致时间压力对探索行为与利用行为的正向作用增强，即进一步提高了员工的双元性；当时间压力对个体双元性存在消极影响时，时间型领导将导致时间压力对探索行为与利用行为的负向影响减弱，也提高了员工的双元性。

相反，时间型领导缺乏的情境下，员工的时间压力还会导致员工没有足够的自信和能力管理时间方面的挑战，员工因此而更倾向于采取规避的策略和防卫性的行为（Chong 等，2011），这就导致员工不会在完成任务的过程中思考新的方案和新的机会，从而不利于员工的探索行为。同时，时间型领导缺失的情况下，高度的时间压力将会打乱既定的任务计划（Labianca 等，2005），员工无法运用现有知识有效率地工作甚至进行短期的改进，也就无法表现出足够的利用行为。因此，当时间压力对于个体双元性的影响为正时，时间型领导的缺失将导致时间压力对探索行为与利用行为的正向影响作用减弱，即降低了个体双元性；当时间压力对于个体双元性的影响为负时，时间型领导的缺失导致时间压力对探索行为与利用行为的负向影响作用增加，即进一步降低了员工的双元性。基于以上分析，本章节提出假设 5：

H5：时间型领导对时间压力与个体双元性之间的关系具有调节作用，即时间型领导的程度越强，时间压力对个体双元性的积极作用越大而消极作用越小；时间型领导的程度越弱，时间压力对个体双元性的积极作用越小而消极作用越大。

综合以上分析，提出以下的研究框架，如图 4－4 所示。

（3）研究程序与研究工具

①研究对象与程序。本书的调研涉及网络信息服务、化学化工以及汽车制造等领域的 32 家企业，并以研发人员作为调查对象。调查过程中本书作者向被调查对象说明研究的学术用途，向其保证不会涉及被调查对象的利益和隐私。本次调研共发放 480

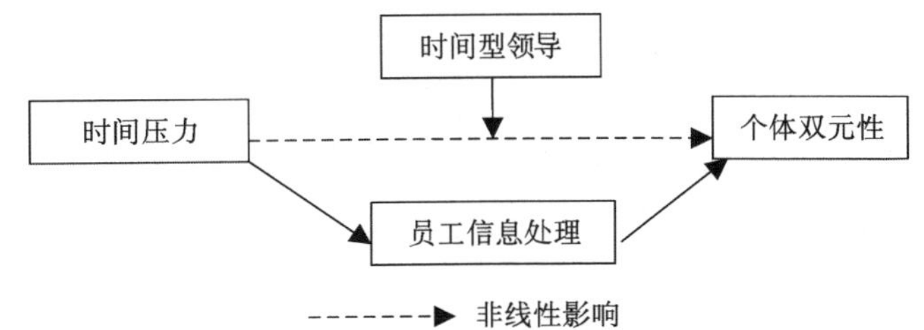

图 4 - 4　时间压力对个体双元性影响的概念模型

份问卷，收回 435 份，剔除无效问卷后剩余 416 份，有效回收率为 86.67%，样本的人口统计特征如表 4 - 7 所示。

表 4 - 7　　调查样本的人口统计特征

变量	指标	数量（人）	百分比（%）	变量	指标	数量（人）	百分比（%）
性别	男性	247	59.38	教育程度	大专及以下	7	1.68
	女性	154	37.02		本科	201	48.32
	缺失值	15	3.61		硕士及以上	198	47.60
年龄	35 岁以下	79	18.99		缺失值	10	2.40
	36 ~ 45 岁	125	30.05	任职年限	0 ~ 4 年	117	28.13
	46 ~ 55 岁	109	26.20		4 ~ 8 年	187	44.95
	56 岁以上	87	20.91		8 年以上	103	24.76
	缺失值	16	3.85		缺失值	9	2.16

②变量的测量。时间压力是指员工感知到完成一个或者多个任务可获得时间的稀缺程度，本书借鉴 Amabile 等人（2002）开发的量表，包括“我经常忙得没时间思考”“我经常需要在有限的时间内完成许多的工作”等 4 个题项。

时间型领导是指为了协同工作而协调员工的工作安排以及给员工分配时间资源的领导行为。本书采用 Mohammed 和 Nadkarni

（2011）开发的量表，包括“经常协调员工的工作时间，以确保任务的按期完成”等6个题项。

员工信息处理是指对新的知识与信息的参与、检查以及评估的程度，本书借鉴Li等（2013）的量表并进行了修改，包括“我必须要对事物保持新鲜感，否则我将被淘汰”“我需要关注我们行业内外部的各种最新进展”等7个题项。

个体双元性是指员工探索行为与利用行为的组合，本书运用Kobarg等（2016）开发的探索行为与利用行为量表，探索行为包括“我经常寻找完成任务的新方法”等3个题项；利用行为包括“我的很多行为都是基于我过去的经验”等3个题项。

时间压力、时间型领导、员工信息处理、探索行为、利用行为等变量均使用从“非常不同意”到“非常同意”7个等级给予评分。此外，本书将员工的年龄、性别、教育程度以及任职年限作为控制变量。

根据现有文献对个体双元性的研究，本书采取探索行为与利用行为相乘的方法来测量个体双元性（Gibson和Birkinshaw 2004；Mom，Van den Bosch和Volberda 2009）。此外，作者对本书中的时间压力、时间型领导、员工信息处理、探索行为与利用行为等变量均进行了中心化处理。

（4）假设检验

①相关分析及信效度检验。本书各研究变量的Cronbach's α系数在0.76~0.94之间，如表4-8所示，均不低于可以接受的0.70，说明这些变量的信度是可以接受的。相关系数的分析结果表明，时间压力与员工信息处理、时间型领导、员工探索行为、员工利用行为之间具有显著的负相关关系；时间型领导和员工探索行为、员工利用行为之间均具有正相关关系，而员工信息处理与员工探索行为与员工利用行为之间也具有正相关关系。

表4－8　　　各研究变量的相关系数和信度系数

变量	平均值	标准差	1	2	3	4	5
1. 时间压力	4.07	1.41	(0.81)				
2. 员工信息处理	4.52	1.27	－0.13**	(0.76)			
3. 时间型领导	4.34	1.71	－0.08**	0.13**	(0.94)		
4. 员工探索行为	5.38	0.87	－0.17**	0.16**	0.12**	(0.85)	
5. 员工利用行为	4.41	2.51	－0.12**	0.03**	0.06**	0.09**	(0.92)

注：$^{**}P < 0.01$；括号内数据是各研究变量在的内部一致性信度系数。

根据 Anderson 与 Gerbing（1988）的建议，因子载荷量的显著性检验结果可以评估测量模型的收敛效度，本书通过探索性因子分析发现所有问项的个别因子载荷量都达到0.5以上的显著水平，因此则具有收敛效度。在区分效度分析上，本书将五因子模型与其他模型进行对比，结果显示五因子模型吻合较好，而且这一模型要显著地优于其他因子模型的拟合优度，表明具有较好的区分效度，如表4－9所示。

表4－9　　　各研究变量的区分效度分析表

变量	χ^2	RMSEA	NFI	RFI	GFI
五因子模型	245.932	0.043	0.942	0.956	0.963
四因子模型：时间压力；时间型领导；员工信息处理；员工探索行为＋员工利用行为	436.347	0.088	0.840	0.894	0.906
三因子模型：时间压力＋时间型领导；员工信息处理；员工探索行为＋员工利用行为	573.223	0.103	0.732	0.788	0.790

续表

变量	χ^2	RMSEA	NFI	RFI	GFI
三因子模型：时间压力+员工信息处理；时间型领导；员工探索行为+员工利用行为	505.654	0.126	0.546	0.597	0.604
二因子模型：时间压力+员工信息处理+时间型领导；员工探索行为+员工利用行为	767.855	0.147	0.508	0.591	0.595
单因子模型：时间压力+员工信息处理+时间型领导+员工探索行为+员工利用行为	1123.879	0.165	0.457	0.502	0.466

②模型回归分析。回归分析的结果表明，如表4-10所示，首先，检验了时间压力对个体双元性的独立影响，结果表明时间压力对个体双元性的影响尽管为负向但不够显著；相反，时间压力的平方项对个体双元性的回归显著（$r = -0.085$，$P<0.05$），这就说明时间压力对于员工的双元性具有非线性的影响作用（见第二步），即当时间压力为中等程度时个体的双元性为最佳，因此本章节的假设1得到验证。第三步的分析也表明，时间压力对于员工信息处理具有负向的影响作用（$r = -0.136$，$P<0.01$），本章节的假设2得到验证。第四步，员工信息处理对于个体双元性的影响显著（$r = 0.204$，$P<0.01$），本章节的假设3得到验证。

表4-10　时间压力对员工创新双元性的回归分析结果

自变量＼因变量	个体双元性		员工信息处理	个体双元性	
	第一步	第二步	第三步	第四步	第五步
年龄	0.073	0.062*	0.031**	-0.047	0.053*

续表

自变量＼因变量	个体双元性		员工信息处理	个体双元性	
	第一步	第二步	第三步	第四步	第五步
性别	0.121	-0.115	0.172	-0.050	0.149*
教育程度	0.048*	0.072	-0.058	0.026	0.154
任职年限	0.039	-0.071	0.129	-0.121	0.027
时间压力	-0.106	0.014	-0.136**		0.268
时间压力的平方		-0.085*			-0.120**
员工信息处理				0.204**	
时间型领导					0.103**
时间压力×时间型领导					0.162**
R2	0.302	0.399	0.264	0.329	0.572
F	39.125	33.184**	23.278	21.965**	26.047**

注：* $p < .05$；** $p < .01$。

本书的研究假设中，由于时间压力对个体双元性的影响属于倒 U 形关系，这就导致时间压力对个体双元性的直接线性影响可能因正反两种力量的影响而不显著，因此，无法运用 Baron 和 Kenny（1986）所提出的逐步法进行检验（该方法要求直接效益存在），因此，本书采用 Preacher 和 Hayes（2004）提出的 Bootstrap 方法进行间接路径的检验，如表 4-11 所示。在检验过程中，采取给定样本中有放回地重复取样以产生出许多样本，即将原始样本当作 Bootstrap 总体进行重复取样以得到类似于原始样本的 Bootstrap 样本（Wen，Marsh，和 Hau，2010）。因此，本书得到容量还是 416 的 Bootstrap 样本，并根据 SPSS 安装的 Process 插件的默认值，确定的抽样次数为 1000 次，Luo 等学者（2014）也认为 1000 次的 Bootstrap 是足够的。检验结果表明，在 95% 置信区间下，中介检验的结果的确没有包含 0（LLCI = -.2035，ULCI = -.1478），表明员工信息处理的中介效应显著，间接效应大小为 -.03570。因此，本章节的假设 4 得到验证，即时间压力通过员工信息处理对个体双元性具有间接影响。

表 4-11　时间压力对员工创新双元性的 Bootstrap 检验结果

	Effect	LL	UL
时间压力→个体双元性	0.1802	-0.6067	-0.3415
时间压力→员工信息处理→个体双元性	-0.3570	-0.2035	-0.1478

第五步的分析表明，时间压力的平方与时间型领导的交互项对个体双元性的影响显著（r = 0.162，P<0.01），交互项的系数为正意味着随着时间型领导的增加，时间压力对于个体双元性影响的斜率增加，即积极作用增加而消极作用减弱；反之，随着时间型领导的减少，时间压力对于个体双元性影响的斜率减少，即积极作用减弱而消极作用增加，如图 4-5 所示。因此，时间型领导对于时间压力与个体双元性之间的非线性关系具有调节作用，因此，本章节的假设 5 得到验证。

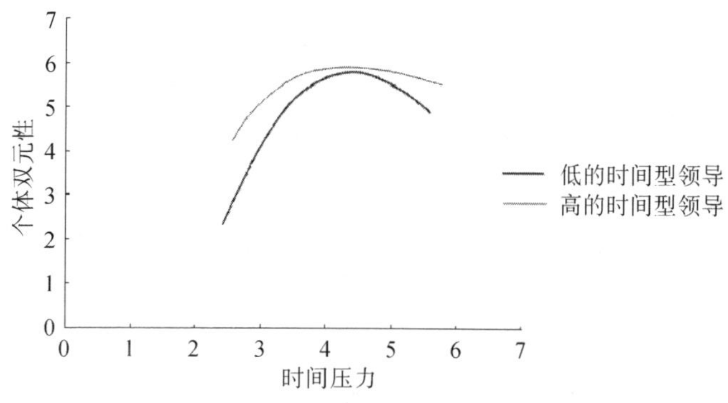

图 4-5　不同时间型领导下时间压力与个体双元性之间的非线性关系

(5) 研究结果与讨论

①时间压力对员工创新双元性。本书的研究结果表明，员工感受的时间压力与个体的双元性之间具有显著的倒U形曲线关系，如图4-5所示，即随着个体感知到时间压力的逐渐提高，员工的探索行为与利用行为会同时增加；然而，当时间压力过高时，无法同时表现出较高水平的两种行为，员工在探索行为与利用行为就不会再平衡；甚至时间压力造成的紧张感导致员工既无法提出更多的观点或者方案，又不能针对问题深入地了解以便运用有效的方法进行解决，造成探索行为与利用行为同时降低。本书的研究结论与以往关于适度压力与绩效之间倒U形关系的结论也相一致。例如，Freedman和Edwards（1988）认为适度的时间压力能促使员工产生最佳的绩效表现。Williams和Cooper（2002）指出每个人都需要某种程度的压力，一旦消除压力就会进入倦怠、无聊的状态，而当压力增加且被要求去执行任务时，人们这时候就会有紧绷的情形。假如压力一直持续增高到个体认为已经没有办法做得更好时，时间压力造成的紧张超出个人的能力并导致绩效开始下降。

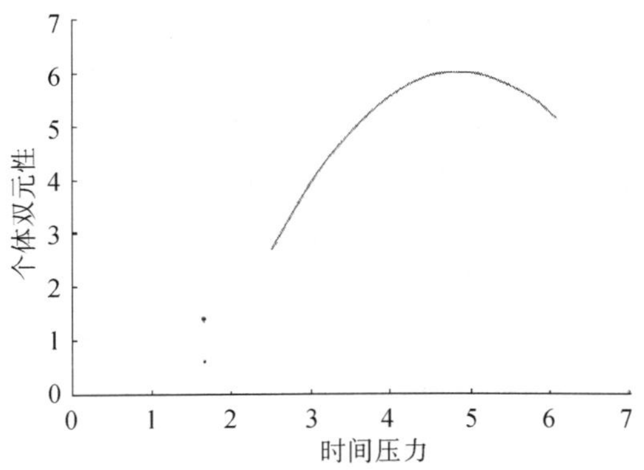

图4-6　时间压力与个体双元性之间的非线性关系

过去的研究很少直接探讨时间压力对个体双元性的影响，本书研究发现时间压力对个体双元性具有显著的影响并且是呈现倒U形曲线关系。这样的研究结论在实务管理方面意味着，过大或过小的时间压力都不利于个体双元性的表现。也就是说，适度的时间压力才有助于提升个体的双元性。管理者可以帮助员工建立清楚的任务目标，并通过适度控制时间压力的方式，避免员工浪费太多时间在探索行为与利用行为之中的某一种行为，避免造成顾此失彼，以达到提升个体双元性的目的。然而，如果员工在执行任务期间成员出现紧蹦或是有负向情绪产生，则代表时间压力过大；如果在执行任务期间成员出现无聊且任务完成后仍有多余的时间，则代表时间压力过小。因此，建议未来企业组织应持续审查并观察员工在执行任务期间的情绪与行为，经衡量评价之后再给予员工适度的时间压力，才有助于员工的双元性表现。

②员工信息处理的中介作用. 本书的研究表明，时间压力通过员工信息处理，进而对个体双元性产生影响作用。首先，本书的研究结论表明较低的时间压力有助于员工专注于思考并且更加谨慎和仔细地分析各种可能的信息，做出更好的决策（Edland，1993；Benson 和 Beach，1996）。而当员工感受时间压力的程度升高时，压力形成的焦虑感觉与情绪性反应会使得员工逐渐趋于惊慌的状态，随便地寻找信息而后匆忙地做出决策，或者仅凭借经验或者法则去面对问题，以摆脱心理上的压力感受（Man 和 Tan，1993；Edland 和 Svenson，1993），这样就会进一步导致员工的认知功能较正常状态下变得窄化，思考与处理信息的能力受到阻碍，无法维持稳定的思考判断。本书的结论也再次表明，较小的时间压力有助于认知功能的发挥和刺激员工思考，进而增加员工对信息的处理；时间压力的增大则导致员工减少了信息的搜寻与处理，进而阻碍了个体的思考水平（Plotnik，1996）。

此外，本书的研究还表明，员工的信息处理会影响后续的行动方案。员工的探索行为与利用行为是一个信息处理过程，员工收集有关市场、技术、竞争对手以及顾客需求等方面的信息，将有利于其运用这些信息进行探索行为与利用行为。信息的增加不仅有利于员工提出更多的可选择方案，而且还会强化其对既有程序和操作方法的理解，员工更加能够确定什么时候该坚持，什么时候该改进从而达到双面灵巧境界。Rubinstein、Meyer 和 Evans（2001）研究了多重任务的完成（即个体进行多种任务的认知活动，并且通常需要同时或者连续地进行转换），表明这样的任务需要额外或者不同类型的信息处理过程（Langfred 和 Moye，2004）。相反，员工如果占有的信息较少就会不太愿意进行忘却性学习，从事探索行为的意愿较低，同时也会更倾向于逐步改良的利用行为。

进一步分析发现如表4－11所示，在控制了中介变量员工信息处理之后，时间压力对个体双元性的影响还是显著，区间（LLCI＝ －.6067，ULCI＝ －.3415）没有包含0。因此，表明还存在其他可能的中介变量。根据 Zhao 等（2010）提出的判断标准[①]，可能遗漏了与本书模型所假设的中介效应方向相反的中介变量（本书的间接影响作用为负），即还存在有其他的中介变量以提升时间压力对个体双元性的正向影响，时间压力对于个体双元性存在着可能的积极作用（倒U形的正向部分）也同时印证了这一点。Cavanaugh 等人（2000）指出压力可以区分为阻碍性压力和挑战性压力，许多研究还指出了挑战性压力具有许多的积

① 此处的判断依据来自 Zhao 等（2010）提出的中介效应检验程序，近两年来被国外学者们广泛参照，在心理学、组织行为学等领域的顶级学术期刊上都有较多的引用。此外，也可参考文献：陈瑞，郑毓煌，刘文静．中介效应分析：原理，程序，Bootstrap 方法及其应用［J］．营销科学学报，2013，9（4）：120～135.

极结果，如挑战性压力与工作满意度、组织承诺呈正相关关系（Beehr 等，2000；Cavanaugh 等，2000；Leong，Fumham 和 Cooper，1996）。因此，有必要在后续研究中区分阻碍性压力和挑战性压力的不同影响过程，以进一步研究时间压力对个体双元性的影响机制。

③时间型领导的调节作用。员工的双元性表现属于高度复杂的工作，往往伴随着工作上的紧张与矛盾，本书的研究结果表明，时间型领导在缓解时间压力并促进员工实现双元性方面具有非常重要的意义。我们的结论也回应了将时间因素包含到领导相关研究中的呼吁（Bluedorn 和 Jaussi，2008）。以往相关的研究结果显示，领导者平均大约将 70% ~90% 的时间用在与下属的沟通上（Bligh 和 Hess，2007），领导者的时间分配与其领导效能息息相关，时间型领导的研究认为领导者如何分配时间、管理时间的能力是领导效能的重要指标。基于下属在领导者的时间表中所占的优势地位，部分研究也开始分析员工在其中所扮演的角色，探讨领导者如何调配下属的工作时间（林姿葶、郑伯埙，2014）。Oncken 和 Wass（1999）曾提出了“猴子管理法则”，即管理焦点应从领导者如何分配自己的时间，转移到如何管理下属的时间。这一法则强调领导对于下属时间的优势管理能力，认为领导效能在于如何有效的调配下属的时间，目的在于实现适当人选在适当的时间，用正确的方法做正确的事。因此，后续研究应该将员工的时间心理感受与领导的时间管理实践结合起来，有助于更好地解释职场员工的行为与绩效。

领导者通过持续地关注双元任务的时间进度，及时地在员任务完成过程中提醒时间目标并给予员工明确的支持，促使员工平衡地为探索行为与利用行为分配时间，同时还让员工体验到更强的时间控制感和时间自由感。本书的结论与现有该领域的研究是一致的，即时间型领导在员工回应时间压力时扮演着非常重要的角色。Mohammed 和 Nadkarni（2011）的研究认为，任务导向的时间型领导对于绩效有着非常强的积极影响，能够帮助安排并协同员工活动，降低完成任务的时间冲突并合理地分配时间。另外，当领导采取有效的时间相关行为如对下属进行时间提醒，则有可能避免下属在任务下达后“前松后紧”或者在截止日期之前加班加点完成任务，如此就能提升下属对工作任务的专注程度，进而间接地促进个体的探索行为与利用行为（Gevers 和 Demerouti，2013）。此外，本书的研究与 Op't Hoog（2009）的实证分析结论也是一致，即员工在多重任务的处理中，有效的时间领导能够增加员工任务表现的质量维度。因此，企业还应该注重时间型领导的选择和培训，通过时间型领导这一重要的情境变量来激发个体的双元性。

第5章 组织创新问题的跨层次研究

5.1 跨层次分析理论基础

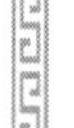

跨层次分析又称为多层次分析，是将不同分析层次的变量同时纳入研究架构。过去的很多组织行为学研究并未重视组织现象的多层次性而忽略了概念层次和测量层次，于是造成了不同组织层次间推理过程的混乱。如果研究者以某一分析层次的结论推论到其他分析层次可能会导致偏误，常见的偏误有两类：一类是生态化谬论（ecological fallacy），是指研究者将高层次资料分析所得的结论推论至较低层次的现象，在此情况下往往容易使较低层次的结论被高估；另一类为原子化谬论（atomistic fallacy），是指将个人层次分析所得的数据推论至组织或团队层次时，在个人层次所产生的关系

不一定会反应在组织或团队层次。

因此，在某一层次所得的结论如不恰当地推论至另一层次，则变量之间的关系变得更强、更弱、甚至影响关系将因此改变（Ostroff，1993）。基于以上观点，研究者应从跨层次的角度研究组织中的跨层次现象才不至于导致上述的谬论。多层次理论采取中观（meso）分析的观点，在研究架构中同时纳入不同分析层次的变量，并非将不同的层次分开描述后再一起研究，许多组织行为学者建议研究者在探讨个体行为或态度时，应同时纳入个体特征、认知、人格因素等个人层次因素与群体结构、组织氛围、文化因素等情境层次因素（例如，Klein 和 Kozlowski，2000）。

跨层次理论模型的建构是通过确认不同层次的现象并对这些不同层次构念间可能存在的联系进行研究。组织系统中的任一层次都嵌入或包含在更高层次的情境之中，如个体嵌入在团队内，而团队嵌入在组织内，组织则嵌入在产业之中等等。构念在不同层次间的关系可分为下行与上行两种基本过程（Kozlowski 和 Klein，2000）。下行过程是指高层次的情境因素对组织系统中较低层次现象的影响，通常下行过程是使用在假设推论上；上行过程是用来描述低层特性如何衍生成高层的集体现象。本书除了分析个体层次因素对创新行为的影响外，还会进一步探讨团队层次变量—团队创新氛围以及团队互动过程对员工创新行为的直接影响以及以个体层次作为中介变量的跨层次分析（Krull 和 MacKinnon，2001）。

5.2 企业创新问题跨层次研究示例

5.2.1 研发团队成员的主观规范对个人创新行为的跨层次影响

早期的创新研究主要关注被组织引进的创新，并且很大程度上局限于自上而下的创新方式，其主要是通过高管人员引入到企业当中，而对于自发创新或者研发人员日常行为中的创新并没有给予足够的重视（Agrell 和 Gustafson，1996）。团队成员工作中的创新行为对于个人绩效和组织绩效有着十分重要的影响，个人创新行为不仅是个人行为绩效的重要组成部分，而且是组织创新过程的重要要素和组织创新的基础（Shalley，1995）。

巴纳德（Barnard，1938）认为，个体具有调节和维持内部平衡的能力，能够总结经验并根据经验而适时地调节自己以适应各种环境的变化，也只有同其他个体关联才能行使其机能。在我国集体主义文化背景下这种特征尤为明显，团队成员为了维持自己的成员地位，个体对周围他人的行为和反应会更加敏感，更倾向于遵从社会规范，团队成员往往是通过观察周围其他人的行为来决定自己在这个情境中应该做出的行为表现，根据 Pillutla 和 Chen（1999）的研究，个体感知到的社会规范比社会规范本身对个体行为的影响更为显著，因而从规范感知的角度进行个人创新行为的研究对于创新管理具有重要的实践意义。

（1）文献回顾

Kanter（1988）认为个人创新行为是一个多阶段的过程，新想法的产生只是创新行为的基础环节。Scott 和 Bruce（1994）承袭这一观点将个人创新行为分成三个阶段，首先是问题的确立、新思想或者解决方式的产生；然后是个体为其创意寻求赞同者的支持并试图建立支持其构想的联盟；最后是产生创新的标准或模式，使其可以被扩散或者批量制造并推出商品化的产品和服务。Kleysen 和 Street（2001）参考 West 和 Farr（1989）的意见，将个人创新行为定义为“将有益的创新观点予以产生、导入以及应用于组织中任一层次的所有个人行动”。有益的创新包括新产品或新技术的开发，为了改善工作关系所作的管理程序的改变或是为了显著提升工作流程的效率所应用的新构想或新技术。Wu 等人（2000）认为创新研究应该着重强调具体获得成功实践的过程，该概念也与 Scott 和 Bruce（1994）以及 Kanter（1988）等学者对个人创新行为的界定较为一致。

现有文献在个人创新行为个体层次的影响因素方面进行了比较多的探索，包括了个人特质、创新相关技能、内在工作特征、内在工作动机、工作胜任力、自我效能感以及角色导向等（Amabile 和 Gryskiewicz，1989；Oldham 和 Cummings，1996；Unsworth 和 West，1998；Farr 和 Ford，1990）。但是个体所做出的某种行为，除了个性或者态度等方面的动力，还会受到社会规范（social norm）的影响，Fishbein 和 Ajzen（1991）的计划行为理论通过主观规范的概念系统分析了行为的影响因素，虽然该理论指出主观规范和行为之间的关系要受到行为意愿的中介，但是许多计划行为方面的研究也把主观规范作为行为的直接预测因素，发现了主观规范对于行为的直接效应（Christian 和 Armitage，2002；Christian、Armitage 和 Abrams，2003；Okun、Karoly 和 Lutz，2002）。

（2）研究假设的提出

规范是成员从事规定或者禁止行为时的普遍准则，而个人对规范的理解就是规范的感知。Yanovitzky 和 Rimal（2006）的研究将规范界定为团队的一种属性，规范影响的过程根植于个体和其他团队成员的关系之中。同时，他们认为规范的心理表达（或者感知的规范）而非规范本身对行为有更多的影响作用，Cialdini 等人（1990）在实验中发现参与者会从环境线索中寻找乱扔垃圾的行为规范并保持和这些规范的一致性，实验结论表明规范的感知而非规范的事实影响个体行为。考虑到规范知觉的重要性，本书采用计划行为理论中的主观规范这一研究术语（Fishbein 和 Ajzen，1980），反映个体对于实施特定行为所感受的社会期待，并受到重要参照对象期望的影响①。

规范感知与行为之间的直接关系得到了越来越多的实证支持（Borsari 和 Carey，2003；Campo、Brossard 和 Frazer 等，2003；Gomberg、Schneider 和 Dejong，2001；Grube、Morgan 和 McGree，1986；Okun、Karoly 和 Lutz，2002；Rimai 和 Real，2005）。尽管计划行为理论假定大多数人会报告与其行为有关的认知（如行为意愿），但是这样的假设未必准确地反映真实情境下认知与行为之间的关系（Ajzen、Brown 和 Carvajal，2004）。当个体在某一时刻报告其具有从事特定行为的意愿，但是行为意愿很容易受到影响而改变（Ajzen，1991）。而相反规范的感知不容易随着时间变化，因而规范的感知相对于行为意愿而言对行为有着更强的影响作用，Manning（2009）的元分析也发现规范会直接影响个体的行为。考虑到我国文化的集体主义倾向（Hofstede，1991），团队成员的自尊更加依赖于别人的认可和期望，从而赢得别人的尊重。当团队希望其成员展现出创新行为时，成员就会接受并按

① 本书将探讨的范围限定为团队的工作规范，对于社会导向上的规范（如互动模式、冲突模式等）则不予研究。

照此期望来展现自己以响应所感知的团队规范。因此，成员感知到的创新过程规范有利于其提出新的观点并推动新观点的实施，由此提出本章节的假设 1：

H1：团队成员的主观规范对个人创新行为存在正向影响作用。

此外，在高凝聚力的团队中，成员之间的频繁互动会促使团队形成有形或无形的规范，这些规范成为团队成员所认可的或隐含的规则（Brown，1988），其可以用来指挥团队成员应该如何展现行为。团队凝聚力越高，团队对其成员越有影响力，团队凝聚力强的团队对成员的控制能力较强（Feldman 和 Gehring，1988），成员受到团队的规范力约束也就越大。此外，团队凝聚力使得成员认为团队目标是重要的（Festinger、Schachter 和 Back，1950），团队成员为了共同目标与任务的达成而紧密结合（Carron 等，1985），强化了组织内成员的服从规范、合作与互动。

个体对团队实际规范的感知依赖于规范信息的传递，不管是直接（如通过书面的或者口头的交流）还是间接的规范传递（如群体成员行为或者身体语言），一个重要的因素就是群体成员之间交流的数量（Festinger 等，1950）。在高凝聚力的团队中，由于任务上或者人际之间的互依特征，个人更容易感知到的他人行为期待，并被激励遵从以避免社会惩罚。团队成员根据过去的经验，形成了关于“恰当”行为的假设（Hackman，1983）。因此，本研究推断不同程度的团队凝聚力会影响个体的主观规范对个人创新行为的影响程度，并提出本章节的假设 2：

H2：团队凝聚力对主观规范与个人创新行为的关系具有正向调节作用，团队凝聚力越强，主观规范对个人创新行为的影响作用越大，团队凝聚力越弱，主观规范对个人创新行为的影响作用越小。

（3）研究程序与研究工具

①研究对象与程序。本书的调查对象为企业研发团队中的研发人员，由于较大规模企业的人力资源管理制度比较健全，投资在研发活动上的经费与时间也相对有保证，因此作者选择 100 人以上的企业为调研抽样对象，并通过自身的社会关系筛选合适的企业以及其中的团队，同时确定好每个团队的联络人员，向联络人员说明本书的学术用途，研究结果不对外公开，也不会涉及被研究对象的利益和隐私，所收集的数据资料不会出现姓名并只以字母和数字代码表示。为避免同源误差产生的共同方法变异（common method variance，CMV）的问题，每一位团队成员的个人创新行为量表则由团队成员的共同同事进行评价。

为了降低研究工作的繁琐程度，本书作者邀请团队中的 4～5 位成员参与调查研究。结果共有 21 家公司配合本次调查，本次调研共发放 1157 份问卷，共计收回 849 份员工填答的主观规范与团队凝聚力问卷和 266 份共同同事填答的个人创新行为问卷，进行样本资料配对后共 266 个团队，其中，215 个团队为 3 人资料，51 个团队为个 4 人资料，经过筛选剩余 997 份合格问卷[①]，最终获得了 242 个团队的 765 个名员工的完整数据，其中 203 个团队拥有 3 人的完整资料，39 个团队拥有 4 人的完整资料，调查样本的人口统计特征如表 5－1 所示。

②变量的测量。本书的主观规范是指研发人员在对于创新行为所感受到的团队期待。根据创新行为的定义以及 Ajzen（2002）提出的测量问项，本书修改形成主观规范的测量量表，

① 剔除的问卷包括：问卷信息 1/3 以上的资料缺失以及成员回收不足 3 人的团队问卷。

表 5－1　　　　　调查样本的人口统计特征

变量	指标	数量（人）	百分比（%）	变量	指标	数量（人）	百分比（%）
性别	男性	411	53.73	婚姻状况	已婚	493	64.44
	女性	334	43.66		未婚	257	33.59
	缺失值	20	2.61		缺失值	15	1.97
年龄	25 岁以下	115	15.03	职业年限	0～2 年	117	15.29
	26～35 岁	320	41.83		2～4 年	167	21.83
	36～45 岁	201	26.27		4～6 年	255	33.33
	46～55 岁	109	14.25		6 年以上	218	28.50
	56 岁以上	13	1.70		缺失值	8	1.05
	缺失值	7	0.92	团队任期	0～2 年	117	15.29
教育程度	大专及以下	13	1.70		2～4 年	167	21.83
	本科	560	73.20		4～6 年	105	13.73
	硕士	167	21.83		6 年以上	368	48.10
	博士	16	2.09		缺失值	8	1.05
	缺失值	9	1.18				

其中社会期待的重要关系人分别为主管和同事。问项如“我的主管喜欢我在团队内的提出新观点并去实施”“我的同事喜欢我在团队内的提出新观点并去实施”等六题，本量表采用 Likert 五点尺度，由填答者根据问项内容的描述，从非常不同意到非常同意加以区分。

由于 Scott 和 Bruce（1994）的个人创新行为的量表是针对研发工程师的工作而开发的，这与本书的研究对象具有相似性，因此本书的个人创新行为量表是在 Scott 和 Bruce 的基础上修订而成，主要测量研发人员在团队中对新技术、新流程、新技巧或新产品的导入和应用过程，以成为有用产品或服务的行为表现程度。问项如“我会寻求技术、产品、服务或工作流程等方面的改善”“我会尝试各种新的方法或新的构想”“我会说服同事关于新方法或新想法的重要性”等六题。量表采 Likert 五点尺度，由填答者根据问项内容的描述，从非常不同意到非常同意加以区分，该量表的初始信度系数 Cronbach'st α 值为 0. 89。

本书借鉴 Widmcyer、Brawlcy 和 Carron（1985）开发的凝聚力量表，该研究将团队凝聚力区分为任务凝聚力与社会凝聚力。任务凝聚力问项如“本团队成员为达成绩效目标而团结一致”“本团队成员一起分担任何工作疏失的责任”等。社会凝聚力如“本团队成员宁可自己外出，也不愿与团队聚会（R）”“本团队成员很少有共同的社交活动（R）”等。量表采取 Likert 五点尺度，由填答者根据问项内容的描述，从非常不同意到非常同意加以区分。任务凝聚力和社会凝聚力的初始信度系数 Cronbach's α 分别为 0. 90 和 0. 81。

（4）数据质量分析

①相关分析及信效度检验。各研究变量的平均数、标准差、变量间的相关系数以及量表信度系数如表 5 – 2 所示。尽管本书借鉴国外学者的量表并经过了严格的翻译程序，但仍然有必要检验这些量表的信度和效度。从表 5 – 2 中可以看出，各研究变量的 Cronbach's α 系数值在 0. 751 ~ 0. 874 之间，均不低于可以接受的 0. 70，说明这些变量的信度是可以接受的。相关分析的结果表明主观规范和团队凝聚力分别与个人创新行为显著正相关。

表 5 – 2　各研究变量的平均数、标准差、相关系数和信度系数

变量	平均数	标准差	1	2	3	4
1. 主观规范	3. 436	0. 661	（0. 874）			
2. 个人创新行为	3. 718	0. 542	0. 365 **	（0. 845）		

续表

变量	平均数	标准差	1	2	3	4
3. 任务凝聚力	3.602	0.429	0.396 **	0.546 **	(0.751)	
4. 人际凝聚力	3.649	0.401	0.308 **	0.577 **	0.452 **	(0.832)

注：**P < 0.01；括号内数据是各研究变量在的内部一致性信度系数。

在做验证性因子分析之前，我们先对量表进行了 KMO 测度和 Bartlett 球体检验。结果显示，主观规范属于单维变量，样本适应性指标 KMO 值为 0.871，Bartlett 球体检验值为 2172.586，p < 0.001，各个问项的因子载荷均超过 0.70，累积方差解释率达 62.249%；个人创新行为属于单维变量，问项的 KMO 值为 0.884，Bartlett 球体检验值为 1559.977，p < 0.001，各问项的因子载荷均超过 0.5，累积方差解释率达 56.350%①；团队凝聚力问项的 KMO 值为 0.846，Bartlett 球体检验值为 830.711，p < 0.001，说明样本适合因子分析程序。各个问项的因子载荷均超过 0.50，并且全部测量问项的共同因子均与先前量表具有相同的结构，即任务凝聚力和人际凝聚力，累积方差解释率达 68.785%。

此后，本书用软件 lisrel8.70 分析测量构念的效度。主观规范单因子结构的验证性因子分析拟合指标值分别为：$\chi^2/df = 2.443$，GFI = 0.96，AGFI = 0.95，NFI = 0.97，IFI = 0.98，CFI = 0.98，RMSEA = 0.045；个人创新行为单因子结构的验证性因子分析拟合指标值分别为：$\chi^2/df = 1.318$，GFI = 0.98；AGFI = 0.96；NFI = 0.99；CFI = 0.99；IFI = 0.99，RMSEA = 0.034；团队凝聚力二维结构的验证性因子分析拟合指标值分别为：χ^2/df

① Kaiser（1974）认为 KMO 在 0.7 以上就适合因子分析，因子载荷量如果低于 0.5，则可以考虑删除该问项；Hair 等人（1998）认为在社会科学领域中累计方差解释比例 60% 以上表示共同因素是可靠的，如果在 50% 以上，表示结果也可以接受。

=1.946，RMSEA = 0.064；GFI = 0.96；AGFI = 0.93；NFI = 0.98；CFI =0.99；IFI =0.99。根据侯杰泰等人（2004）等的建议，χ^2/df 值小于 5 则表示可以接受，RMSEA 小于 0.08 时则表示比较理想，GFI、AGFI、NFI、IFI、CFI 指标值大于 0.9 时，模型拟合程度较好。因此，本书所采用的量表具有较好的收敛效度。

②团队层面数据加总验证。本书的团队凝聚力反映了研发所具有的特征，属于团队层级的构念，但是它的测量是通过团队成员的个别问卷所获得的个人层次资料经过加总或平均处理后作为团队资料。但是团队层次数据产生之前必须先检查团队内成员间填答的一致性。本书利用指标 r_{wg} 进行判定（James、Demaree 和 Wolf，1993），一般认为当 r_{wg} 的均值大于或等于 0.70 时，就表明团队成员的一致程度是可以接受的（George，1990；张志学等，2006）。本书采用的任务凝聚力和人际凝聚力量表均是多项目量表，通过计算任务凝聚力和人际凝聚力组内一致性的平均值分别为 0.961 和 0.982。

（5）假设检验

①跨层次研究的适用性分析。根据 Hofmann（1997）的建议，多层次模型假设检验之前必须满足两个条件。首先，由于本研究认为团队成员的个人创新行为受到团队层次变量的影响，因此需要系统地检验个人创新行为的组内和组间变异，除此之外，团队凝聚力由低层次聚合到高层次的合法性也需要经过检验。其次，为了进行跨层次的研究假设检验，层次 1 模型的截距需要有显著的组间变异，本研究是通过随机系数回归模型进行分析。当以上两个条件均满足的情况下，就可以进行调节效应的分析。

本研究首先通过单因子方差分析模型检验个人创新行为变量的组内变异和组间变异，用 *IIB* 代表个人创新行为，个人创新行为的虚无模型如下：

$$level-1:\ IIB=\beta_{0j}+e$$

$$level-2:\ \beta_{0j}=\gamma_{00}+u_{0j}$$

利用 HLM6.08 对以上虚无模型进行分析，结果如表 5－3 所示。表 5－3 表明模型的组间变异是显著的，因此，利用 HLM 模型进行分析的第一个条件是具备的。除此之外，组内相关系数（ICC）也反映了团队的趋同程度。个人创新行为的 ICC 为 0.220，高于可接受的最低标准 0.05（Klein 和 Kozlowski，2000）。

表 5－3　　HLM 分析的虚无模型的方差成分分析

随机效应	方差	ICC	df	χ^2
τ_{00}	0.065	0.220	241	456.703***
σ^2	0.230			

接下来本书利用随机系数回归模型来分析 level－1 层次截距的组间变异。为了支持本书的跨层次假设，就需要层次 1 的截距有显著的组间变异。主观规范（用 SNM 表示）作为层次 1 的自变量，个人创新行为的随机系数回归模型用公式表示如下：

$$level-1: IIB=\beta_{0j}+\beta_{1j}SNM+e$$

$$level-2: \beta_{0j}=\gamma_{00}+u_{0j}$$

$$\beta_{1j}=\gamma_{10}+u_{1j}$$

以上模型的分析结果如表 5－4 所示，结果表明个人创新行为在 level－1 截距的组间变异是显著的。因此利用 HLM 进行假设检验的第二个条件也得到满足。因此，利用 HLM 进行跨层次假设检验的两个条件全部成立。同时，该过程的分析也表明主观规范对个人创新行为的影响是显著的，如表 5－5 所示：$\gamma_{10}=0.290$，$p<0.001$。因此，主观规范对个人创新行为存在正向影

响作用，当成员感知的主观规范越强时，就会表现出更多的个人创新行为，反之依然，本章节的假设 1 得到支持。

表 5－4　*level*－1 层次个人创新行为的组间变异分析

因变量	随机效应	方差	ICC	*df*	χ^2
IIB	τ_{00}	0.051	0.200	241	434.260 ***
	σ^2	0.204			

注：*** $p<0.001$。

表 5－5　主观规范对个人创新行为的影响（固定效应）

固定效应	系数	标准误	t 值	p 值
γ_{00}	2.722	0.097	28.094	0.000
γ_{10}	0.290	0.027	10.567	0.000

注：*** $p<0.001$。

②团队凝聚力对主观规范与个人创新行为关系的调节效应分析。团队凝聚力包括团队任务凝聚力（用 TCH 表示）和团队人际凝聚力（用 RCH 表示），论文首先分析任务凝聚力对主观规范与个人创新行为关系的调节效应，所依据的预测模型如下所示：

$$level-1: IIB = \beta_{0j} + \beta_{1j}SNM + e$$

$$level-2: \beta_{0j} = \gamma_{00} + u_0$$

$$\beta_{1j} = \gamma_{10} + \gamma_{11}TCH$$

以上预测模型的分析结果显示，团队任务凝聚力对主观规范与个人创新行为之间关系的影响是显著的（$\gamma_{11}=0.159$，$p<0.001$），如表 5－6 所示，在 level－2 截距残差变异（随机效应）也是显著的，如表 5－7 所示。因此，团队任务凝聚力对主观规范与个人创新行为之间的关系存在正向影响作用。当团队的任务

凝聚力越强时，成员的主观规范对个人创新行为的影响作用越大，反之亦然。

表 5－6　团队任务凝聚力对主观规范与个人创新行为的调节效应（固定效应）

固定效应	系数	标准误	t 值	p 值
γ_{00}	2.883***	0.127	22.681	0.000
γ_{10}	－0.333***	0.092	－3.634	0.001
γ_{11}	0.159***	0.020	7.891	0.000

注：***$p<0.001$。

表 5－7　团队任务凝聚力对主观规范与个人创新行为的调节效应（随机效应）

随机效应	方差	df	χ^2	p 值
τ_{00}	0.024	241.000	331.486	0.000
σ^2	0.206			

注：***$p<0.001$。

然后，本书进一步分析人际凝聚力对主观规范与个人创新行为之间关系的调节效应，人际凝聚力对主观规范与个人创新行为之间关系的调节效应的分析模型如下：

$$level-1: IIB = \beta_{0j} + \beta_{1j}SNM + e$$

$$level-2: \beta_{0j} = \gamma_{00} + u_0$$

$$\beta_{1j} = \gamma_{10} + \gamma_{11}RCH$$

上式中，*IIB* 表示个人创新行为；*SNM* 表示团队成员的主观规范；*RCH* 表示团队人际凝聚力，依据 HLM6.08 进行跨层次分析的结果如表 5－8 和表 5－9 所示。以上预测模型的分析结果显示，在 level－2 截距残差变异（随机效应）是显著的。团队人际凝聚力对主观规范与个人创新行为之间关系存在显著而积极的影响（$\gamma_{11}=0.209$，$p<0.001$）。因此，团队人际凝聚力对主观规范与个人创新行为之间关系也存在正向影响作用。当团队的人际凝聚力越强时，成员的主观规范对个人创新行为的影响作用越大，反之亦然。

表5-8　团队人际凝聚力对主观规范与个人创新行为的调节效应（固定效应）

固定效应	系数	标准误	t值	p值
γ_{00}	2.870***	0.125	22.935	0.000
γ_{10}	-0.518***	0.094	-5.506	0.000
γ_{11}	0.209***	0.021	9.962	0.000

注：***p<0.001。

表5-9　团队人际凝聚力对主观规范与个人创新行为的调节效应（随机效应）

随机效应	方差	df	χ^2	p值
τ_{00}	0.013	241.000	288.913	0.019
σ^2	0.207			

注：***p<0.001。

（6）研究结果与讨论

本书以企业研发团队成员为调研对象，首先检验了员工的主观规范对于个人创新行为的解释能力。主观规范反应了研发团队主管和同事对于创新行为的期望，员工创新行为的形成依赖于其感知的创新规范，即当成员感知到团队对于创新活动的社会期望越明显，越有助于员工形成工作创新行为。本书证明了主观规范对个人创新行为存在的正向影响作用，同时也拓展了计划行为理论的研究框架，进一步支持了主观规范可以直接影响行为的研究结论（Christian和Abrams，2004；Christian和Armitage，2002；

Christian、Armitage 和 Abrams，2003；Trafimow 和 Finlay，2001），也印证了 Manning（2009）的元分析关于主观规范对行为存在着直接影响的研究结论。

在检验主观规范与团队凝聚力的交互效应过程中发现，团队凝聚力对于主观规范与个人创新行为之间的关系存在显著的调节作用。不管是任务还是人际方面的团队凝聚力，凝聚力越强（弱）的团队，主观规范与个人创新行为之间的关系也会变得越强（弱），这也印证了 Shaw（1981）的研究，即团队凝聚力在形成和强化规范以及达成团队任务的过程中非常有效。该结论也充分说明了个人创新是一个社会过程，该过程很大程度上依赖于其他人的参与（Van de Ven 等，1989）。新观点的产生往往来源于团队给予的灵感和力量，即使员工具有创造性并且产生了新观点，但是其观点的实施取决于他人的同意、支持以及资源等，团队互动后的连接状态对于观点的实施和观点的建议以及新观点的产生有着潜在的影响。

本书的研究结论表明，企业若希望通过团队方式来促进个人的创新行为，可以通过积极的团队创新规范以及对这些规范主观感知的引导来实施和激发其创新行为。企业的管理者应该采取措施促使团队成员建立创新活动的互动规则并接受所属的团队规范，使其更有意愿配合团队的创新活动。团队为了目标的达成也需要发展出一套创新行为的活动机制，通过参与过程逐渐取得成员的认同和内化，最终促使团队成员表现出更多的创新行为。此外，要激发团队成员对团队创新规范的认同，团队应设置个人与其他成员的共同目标与利益，通过互动和规范的力量来促成研发人员的创新行为。

由于中国集体主义文化的影响，人们倾向于形成相依自我观（Markus 和 Kitayama，1991），团队成员表现出来的行为具有较高的社会取向（杨国枢，2005），即强调个人行为要符合社会规范和角色期望，个人的自尊主要依赖于别人对他的尊敬。因此，要激发团队成员的个人创新行为，并不一定完全出自个人喜好或自主意愿（姜定宇和郑伯埙，2003），即当工作团队期望成员表现出创新行为时，员工的创新行为就会表现得越多。团队凝聚力的塑造使得团队成员为了共同组织目标与任务达成而紧密结合，在互动中通过强化成员对规范的理解和感知来促使个人创新行为的形成。因此，在我国的研发团队管理中，管理者更应该发扬团队中的集体主义文化精神，可以通过强化团队凝聚力来激发个人的创新行为。

本书虽然探讨了我国研发团队成员的主观规范对个人创新行为的影响作用，但是由于东西方的工作价值观差异，这种价值观差异会影响个体的创新行为。不同的华人工作价值观对于创新过程的认识可能有所不同，或因持有不同的认知导致不同的创新行为。例如，Huang（1998）等学者将华人工作价值观分为“实用”和“勤勉”两个维度来，重视薪资、学历以及讲究人情或良好关系的“实用”维度，可能由于强调外在条件的追求或是人际关系的运用，并无法增进自身对工作的喜欢，这样可能会造成内在工作动机的减少以及团队迷思的出现，而忽视了自身的学习创新功能，从而使得个体创新行为的形成受到一定的抑制。因此，华人工作价值观对于个人创新行为的影响在未来的研究中需要引起重视。

5.2.2 团队互动过程、创新主观规范与个人创新行为的关系研究

工作创新行为不仅是个人行为绩效的重要组成部分，而且也是组织创新的基础（Shalley，1995）。Woodman、Sawyer 和 Griffin（1993）提出的组织创新交互模型认为个人创新同时受到个人因素与情境因素的影响。Ancona（1990）等人也指出团队能否有效地工作取决于团队能否管理好成员之间的互动以及团队与外部环境的关系，在团队已具备必要的外部支持条件时，其内部的互动对于绩效的提高就至为重要。与此同时，由于中国员工普遍具有较高的权力距离倾向，团队对其成员的行为具有明确或者隐性的期待，绝大多数成员愿意调整自己的个性和特点以做出符合团队期望的行为，因此，本研究拟以跨层次观点来研究团队互动过程、创新主观规范与个人创新行为之间的关系。

（1）文献探讨与问题提出

Kleysen 和 Street（2001）将个人创新行为定义为“将有益的创新观点予以产生、导入以及应用于组织中任一层次的所有个人行动”。个人创新行为不仅包括机会的探索和创新观点的形成，同时也包括创新观点的实施与应用。总体来说，个人创新行为的影响因素包括个人特质、内在工作特征、团队特征、工作关系以及组织特征等（West 和 Farr，1990）。已有研究表明个人创新行为需要同时审视个体和团队层次的因素，例如，Hirst 等人（2009）探究了个人学习导向和团队学习行为对于创新观点形成的影响作用。Jin Nam Choi（2007）认为团队组成是影响个人创新行为的重要变量，并进一步分析了年龄、性别以及层级地位的团队异质性对个人创新行为具有的不同影响作用。大陆学者张文勤等（2008）从个体与团队两个层次探讨了目标取向对创新行为与创新绩效的影响作用。我国台湾学者陈淑玲（2006）在团队层次探讨了知识导向人力资源管理系统与创新气氛对个人创新行为的影响机理。

然而，团队背景下的个人创新是包括成员参与和成员互动的持续过程，该过程很大程度上依赖于其他成员的参与。例如，新观点的产生往往来源于团队给予的灵感和力量，即使成员具有创造性并且产生了新观点，但是其观点的实施取决于他人的同意、支持以及资源等。Blumberg 和 Pringle（1982）指出，即使个体具备相应的能力和意愿去实施创新，但仍然需要实施的条件和机会（这些条件和机会不取决于个体因素）。因而，个体的创新过程离不开团队成员之间的交流与合作，团队互动过程对于新观点的产生、观点的推广与实施都有很大的影响。虽然近年来团队互动过程的概念已渐为国内学者所认可和熟悉，然而团队互动过程与个人创新行为关系的研究非常有限（张秀霞，2006），团队互动过程对创新行为的影响机理研究有待于引起更多的关注。

（2）研究假设及理论模型

①团队互动过程与个人创新行为。刘雪峰和张志学（2005）通过情境模拟的方法发现团队互动过程包括结构互动和人际互动两个维度，并且绩效优良的团队在这两个方面都比绩效差的团队表现得更好，该结论与 McGrath（1964）以及 Marks、Mathieu 和 Zaccaro（2001）等人所确定的构念结构相似。就团队的结构互动而言，Burke 等人（2006）的团队适应性理论指出团队成员间的任务讨论、沟通与反馈对于计划的实施非常重要，而计划的实施是个人创新行为的重要组成部分。有效的团队讨论和沟通有助于知识与经验资源的扩展和对对方需要的了解（Agrell 和 Gustafson，1996；Nemeth 和 Owens，1996），并且提出的干预措施和方案更切合团队设定的目标（Ives 和 Olson，1984）。团队互动过程中公开地对团队目标或者流程进行交流有助于促使团队成员的学习过程（Swieringa 和 Wierdsma，1992；West，1996），而实证研究表明团队学习是团队发展与吸收创新的先决条件（Argyris，1993），已有研究结论也显示团队学习有助于团队发现和识别问题（Hirokawa，1990）、扫描环境（Ancona 和 Caldwell，

1992）以及创新性解决办法的改进等。

此外，就团队互动过程的人际维度而言，团队互动过程有助于形成正向的团队状态。由于个人创新行为的形成需要与其他成员进行沟通并让他人接受自己的新发现，创新过程也是人际互动以及认知的分享过程，团队的人际互动过程有利于使成员感受到支持和自由的气氛，成员之间的协调有助于自身观点的表达以取得相互的影响（Van Offenbeek 和 Koopman，1996）。最近该领域的相关研究基本上支持了团队人际互动过程对个人创新行为的积极作用。研究表明，团队人际互动过程与员工满意度、合作行为存在积极的关系（Dobbins 和 Zaccaro，1986；Sanders 和 Van Emmerik，2004）。团队互动过程的研究也表明团队沟通、团队协调与绩效之间有显著的正向关系（LePine、Piccolo、Jackson 等，2007）。结合以上理论发现，提出本章节的假设 1：

H1a：团队互动过程的结构维度对个人创新行为有正向影响作用。

H1b：团队互动过程的人际维度对个人创新行为有正向影响作用。

②团队互动过程与创新主观规范。James（1993）运用了人种学的研究方法来研究控制系统如何从层级控制、官僚控制到团队协和控制的管理变革。他认为团队成员之间的互动与合作创造或者重建了一套“基于价值判断的话语”作为员工推断适当行为的基础，这些想法、规范或规则使成员以“对组织有用的方式”采取行动，个体经常会因此而必须做出符合于团队所要求的行为。因此，团队互动过程也是一种控制手段，团队互动使得团队成员为了共同的目标与任务达成而紧密结合，强化了组织成员的规范服从与合作。

许多群体理论的研究者认为团队规范并不是外部力量所强

加，而是通过成员之间的互动发展起来的（Johnson 和 Johnson，1991；McGrath，1984）。团队成员关于“恰当”行为的假设（Hackman，1983）很少得到明确的讨论，而是通过群体互动逐步形成。在互动水平较高的团队中，成员之间的频繁互动和任务上的相互依赖会更易于形成有形或无形的规范，这些规范反映了共同的理解和行为模式（Campion，Medsker 和 Higgs，1993），并成为团队成员所认可或隐含的规则，其可以用来指导团队成员应该如何展现其行为。因此，互动水平较高的团队中，成员会经常受到来自团队规范的社会压力，不论这项规范是有意或是无意的，个体会因此而必须做出符合于团队所要求的行为，团队互动过程使得成员之间相互卷入并形成了完成任务的行为规范。

团队成员未必能够正确地理解集体层次的规范。由于集体规范很少被正式地编码或者明确地阐述。因此个人对规范的解释必然存在着偏差。团队互动过程对主观规范的影响是高层次的情境变量影响成员个体，个体对团队实际规范的感知也是依赖于规范信息的传递，Allen（1965）认为团队规范信息是通过两种途径而传递的。第一种为直接方式，即通过书面或者口头的交流；第二种为间接方式，即通过成员的行为或者身体语言。在团队互动程度较高的情境下，团队成员之间不管是直接还是间接的规范传递，信息交流的数量比较充分，成员之间往往通过言传或身教的方式来传递创新行为的基本规则以及他人的行为期待，并被激励遵从这些规则以避免社会惩罚。基于以上分析，提出本章节的假设 2：

H2a：团队互动过程的结构维度对创新主观规范存在正向影响作用。

H2b：团队互动过程的人际维度对创新主观规范存在正向影响作用。

③创新主观规范与个人创新行为。团队层次上的规范是成员从事规定或者禁止行为时的普遍准则，而个人对规范的理解就是规范的感知。Cialdini 等人（1990）在实验中发现参与者会从环境线索中寻找乱扔垃圾的行为规范并保持和这些规范的一致性，结论表明规范的感知而非规范的事实影响行为。规范感知与行为之间的关系越来越得到实证的支持（Borsari 和 Carey，2003；Campo、Brossard 和 Frazer 等，2003；Gomberg、Schneider 和 Dejong，2001；Grube、Morgan 和 McGree，1986；Okun、Karoly 和 Lutz，2002；Rimai 和 Real，2005）。

尽管计划行为理论指出主观规范和行为之间的关系要受到行为意愿的中介（Ajzen，1991；Ajzen 和 Fishbein，1973）。但是许多计划行为方面的研究也把规范作为行为的直接预测因素，发现了主观规范对于行为存在的直接效应（Christian 和 Abrams，2004；Christian 和 Armitage，2002；Okun、Karoly 和 Lutz 2002；Trafimow 和 Finlay，2001）。这些研究认为尽管计划行为理论假设大多数人会报告其与行为有关的认知（如行为意愿），但是这样的假设未必准确地反映真实行为情境下认知与行为之间的关系（Ajzen、Brown 和 Carvajal，2004）。当个体在某一时刻报告说有从事特定行为的意愿，但是行为意愿很容易受到影响而改变（Ajzen，1991）。而相反规范的感知不容易随着时间而改变，规范的感知相对于行为意愿而言与行为之间存在着更强的关系。此外，Manning（2009）的元分析也发现主观规范会直接影响行为。

综合以上分析，本书考虑到我国文化的集体主义倾向（Hofstede，1991），成员的自尊更加依赖于别人的认可和期望，人们倾向于形成相依自我观（Markus 和 Kitayama，1991），团队成员表现出来的行为具有较高的社会取向（杨国枢，2005），即强调个人行为要符合社会规范和角色期望，个人的自尊主要依赖于别人对他的尊敬。因此，团队成员的个人创新行为并不一定完全出自个人喜好或自主意愿（姜定宇和郑伯埙，2003），即当团队期望成员表现出创新行为时，成员就会接受期望并按照此期望来展现自己的行为以响应感知的规范。因此，成员关于创新过程的规范认知有利于其提出新的观点以及推动新观点的实施。基于以上分析，提出本章节的假设 3 和假设 4：

H3：创新主观规范对个人创新行为存在正向影响作用。

H4：团队互动过程通过创新主观规范对个人创新行为有正向影响作用。

基于以上假设，本书提出团队互动过程对个人创新行为的跨层次影响作用构念模型，如图 5－1 所示。

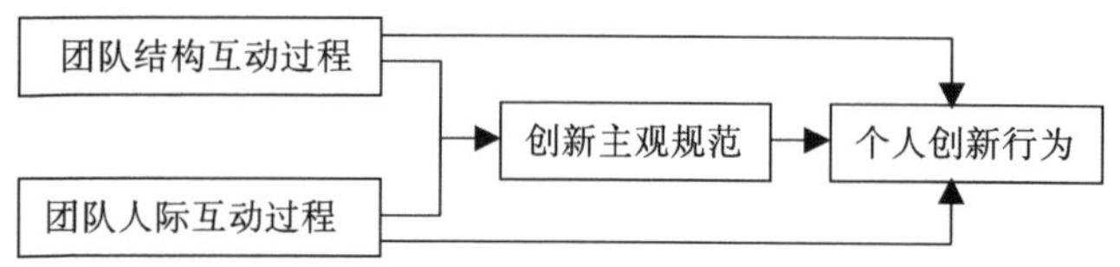

图 5－1　团队互动过程对个人创新行为的影响作用模型

（3）研究方法

①数据收集过程及样本特征。本书以企业研发团队中的研发人员为调查对象，他们共同参与同一任务的完成，由于较大规模企业的人力资源管理制度比较健全，投资在研发上的经费与时间也相对有保证，因此本书选择 100 人以上规模的企业进行调研。为避免同源误差产生共同方法变异的问题，本书将问卷区分为团队成员问卷与团队成员的同事问卷两部分，分别由团队成员及其共同同事进行填答，通过这种方式测量的自变量与因变量就会取自不同的来源。此外，本研究将每个团队中的被调查人数限定在

4～5人（其中1人负责团队同事问卷）。本书将已填写成员代号的纸质问卷放入大信封袋中交予联络人员，并请其发放给团队成员填答，此外，部分联络人是通过团队成员的电子信箱将对应的问卷发送给每一位调查对象。经过以上过程，一个合适的团队至少具备三位团队成员的所有变量的完整资料。

本书的问卷调查时间为2010年10月到2011年7月。共有21家公司配合本次调查，本次调研共发放1157份问卷，共计收回849份员工问卷和266份同事问卷（进行样本资料配对后共266个团队，其中，215个团队为3人资料，51个团队为个四人资料），经过筛选剩余997份合格问卷，获得765份员工数据，构成了242份同事评价数据，其中203个团队拥有3人的完整资料，39个团队拥有四人的完整资料。剔除的问卷具有下列特征：首先，填答不完整填或不认真的问卷，如问卷信息1/3以上的资料缺失。或者几乎所有问项的答案为同一选项以及反向问项中正反问题回答信息完全一致。最后，成员回收不足3人的团队问卷。本次研究的被调查者中53.73%的为男性，41.83%的被调查者的年龄在26～35岁之间，本科和硕士教育程度的被访者约占总体的95.03%。被调查的已婚员工占64.44%。就职业年限而言，61.83%的员工工作年限在4年以上，一半以上的员工在团队中的任期超过四年。

从团队规模分布状况来看，11人以上规模的团队占64.46%；8～10人之间的团队占28.51%；5～7人的团队占4.13%；2～4人的团队占2.89%。从被调查团队所在企业的行业分布情况来看，生物制药行业占40.91%；计算机及软件业占13.22%；电子通讯行业占12.40%；机械制造行业占11.16%；其他行业的总共占22.32%。从团队所在企业性质来看，国有企业占72.73%；民营企业占18.18%；外资企业占4.55%；中外合资企业占1.65%；其他类型占2.89%。从团队所在企业的规模来看，企业人数在1001人以上的占62.81%；501～1000人之间的团队占4.13%；201～500人之间的团队占11.16%，101～200人之间的团队占21.90%。

②测量工具。团队互动过程。本书采用刘雪峰和张志学（2005）所开发的测量工具，主要是因为考虑到以往研究量表描述的是成员在任务十分明确的情境下表现出的态度或行为，而刘雪峰等人的研究是针对任务并不十分明确，成员之间需要通过交流和讨论来自行明确任务的团队，比较切合本书调研对象的工作特点。问项包括“接到任务后我们小组立即分析要达到的目标是什么”“我们小组制定了完成工作的计划”“我们小组中的每位成员都参与讨论完成活动的方案”等9个条款。本书在北京、天津、沈阳的6个企业中共选取252名企业的研发人员进行小样本试测，通过筛选填答不完整的问卷后共回收有效问卷232份，结果发现团队互动过程第8个问项（我们小组所有成员都各尽所能）的CITC值为0.283，低于0.3的标准，本书作者经过分析认为该问项可能涉及员工能力的调查，容易与其他问项存在内容上的偏差，因此将该问项予以删除，剩下8个测量问项的CITC值在0.451～0.733之间，总体的Cronbach'st α为0.831。该量表均采用Likert五点尺度，由填答者根据问项内容的描述，从非常不同意到非常同意加以区分。

创新主观规范。创新主观规范的测量量表主要是根据Ajzen（2002）所提出的主观规范测量工具并针对创新行为过程而进行修改，其中社会期待的重要关系人分别为主管和同事。问项包括“我的主管会喜欢我在团队内的提出新观点并去实施”“我的同事会喜欢我在团队内的提出新观点并去实施”等6个条款。小样本测试的结果表明创新主观规范的所有问项CITC值在0.605

~0.784 之间，均在 0.30 以上，总体的 Cronbach'st a 为 0.889，具有较好的内部一致性，各个问项删除后的 α 值均低于整体的 0.889，所有问项得到保留。该量表均采用 Likert 五点尺度，由填答者根据问项内容的描述，从非常不同意到非常同意加以区分。

个人创新行为。由于 Scott 和 Bruce（1994）的量表是针对研发工程师的工作而开发的，这与本书的研究对象具有相似性，因此本书的个人创新行为量表是在 Scott 和 Bruce 的基础上修订而成，主要是测量研发人员在团队中对新技术、新流程、新技巧或新产品的导入和应用过程，以成为有用产品或服务的行为表现程度。该量表共 6 题，问项包括“我会寻求技术、产品、服务或工作流程等方面的改善”“我会尝试各种新的方法或新的构想”“我会说服同事关于新方法或新想法的重要性”等 6 个条款。小样本测试的结果表明个人创新行为所有问项的 CITC 值在 0.562 ~ 0.695 之间，均在 0.30 以上，总体的 Cronbach'st α 为 0.857，各问项的内部具有较好一致性，各个问项删除后的 α 值均低于整体的 0.857，所有问项得到保留。该量表均采用 Likert 五点尺度，由填答者根据问项内容的描述，从非常不同意到非常同意加以区分。

控制变量。在个体层次控制变量方面，本书参照主观规范以及个人创新行为等相关研究对控制变量的选择，归纳出年龄、教育程度、婚姻状况、团队任期等控制变量。在团队层次控制变量方面，本研究将团队规模、企业所在行业、企业性质以及企业规模作为团队层次的控制变量。本书通过控制变量的方差分析发现，性别、年龄、团队规模、团队的行业性质、团队所在企业的规模对跨层次模型中的创新主观规范和个人创新行为具有不同程度的显著影响，在随后的跨层次模型分析中需要进行适当的控制。

③数据聚合与分析方法。团队互动过程变量是团队层级的构念，本书采用个人层次资料加总的方法来反映团队特征。但是团队层次数据产生之前必须先检查团队内成员间填答的一致性，本书通过指标 r_{wg}来加以判定（James、Demaree 和 Wolf，1993）。经过计算，团队互动过程结构维度和人际维度的 r_{wg} 的平均值分别为 0.960 和 0.965。

本书采用 SPSS15.0 软件进行基本统计分析。由于本书的分层数据结构特征，同一团队成员的数据无法保证传统线性模型的线性、正态、方差齐性及独立假设，因而本研究运用 HLM6.08 统计软件包分析团队互动过程对个人创新行为的跨层影响效果，对于跨层次中介效果低层中介变量模型（Mathieu 和 Taylor，2007）可利用单层次中介效果的检验方法来进行分析。

（4）研究结果

①研究变量的信度、效度及描述性分析。团队互动过程属于二阶变量，本书采用验证性因子分析来确定资料的可靠性及正确性。团队互动过程全部测量问项得到的共同因子均与原始量表具有相同的结构，验证性因子分析结果表明：$\chi/df = 1.698$，小于标准 5。GFI = 0.97，AGFI = 0.94，NFI = 0.97；CFI = 0.99，IFI = 0.99，均大于标准 0.9；RMSEA 为 0.054 低于标准 0.08，表明拟合效果比较理想。所有条款的标准化因子负载均大于 0.6。而且结构维度的 AVE 值为 0.537；人际维度的 AVE 值为 0.578，均超过 0.5 的下限，表明量表具有较好的收敛效度。

本书中的创新主观规范与个人创新行为属于一阶变量，其收敛效度是通过探索性因子分析进行，结果表明创新主观规范的样本适应性指标 KMO 值为 0.871，巴特莱特球度检验值为 2172.586，$p < 0.001$，说明样本适合因子分析程序。各个问项的因子载荷均超过 0.70，累积方差解释率达 62.249%，并超过

0.5，表明创新主观规范具有较好的收敛效度。个人创新行为的探索性因素分析表明，其 KMO 值为 0.884，巴特莱特球度检验值为 1559.977，$p<0.001$，说明样本适合因子分析程序。各问项的因子载荷均超过 0.6，累积方差解释率达 56.350% 并超过 0.5，表明问卷具有较好的收敛效度。

②研究变量的信度及描述性分析。创新主观规范、个人创新行为变量及团队互动过程两个维度的均值、标准差等描述性统计量如表 5－10 所示，各量表的信度均达到可接受的 0.7 标准。

表 5－10　研究变量的信度及描述性分析

变量（维度）	均值	标准差	信度系数
创新主观规范	3.635	0.875	0.874
个人创新行为	3.719	0.720	0.845
团队结构互动过程	3.687	0.814	0.800
团队人际互动过程	3.580	0.796	0.812

③多层线性模型分析结果。第一步，本书建立了创新主观规范和个人创新行为没有任何预测变量的虚无模型。利用 HLM6.08 对两个虚无模型进行参数估计的结果表 5－11 所示，所有模型的组间变异都是显著的（创新主观规范：$\tau_{00}=0.109$，$\chi^2=452.214$，$df=241$，$p<0.001$；个人创新行为：$\tau_{00}=0.216$，$\chi^2=452.298$，$df=241$，$p<0.001$）。组内相关系数（ICC）反映了团队的趋同程度，创新主观规范和个人创新行为的 ICC 分别为 0.217 和 0.216，高于可接受的最低标准 0.05（Klein 和 Kozlowski，2000）。

表 5-11　　HLM 分析的虚无模型的方差成分分析

层次	因变量	随机效应	方差	ICC	*df*	χ^2
个体	创新主观规范	τ_{00}	0.109	0.217	241	452.214 ***
		σ^2	0.391			
	个人创新行为	τ_{00}	0.066	0.216	241	452.298 ***
		σ^2	0.239			

注：τ_{00} = 层次 2 中因变量的组间变异；σ^2 = 层次 1 中因变量的组内变异；***表示 $p<0.001$（下同）。

第二步，随机回归模型分析。本书利用随机回归模型来分析 level-1 层次截距的组间变异情况。随机回归模型不考虑团队层次自变量，仅以创新主观规范作为层次 1 的自变量，分析结果如表 5-12 所示，个人创新行为的截距在团队间存在显著变异（$\tau_{00}=0.039$，$\chi^2=438.010$，$df=92$，$p<0.001$）。

表 5-12　　level-1 层次截距的组间变异情况

因变量	随机效应	方差	ICC	*df*	χ^2
个人创新行为	τ_{00}	0.039	0.211	240	438.010 ***
	σ^2	0.146			

第三步，截距预测模型分析。在层次二中分别加入团队互动过程结构维度和人际维度，分析结果表明在 level-2 截距残差变异都是显著的，表 5-13 表明团队互动过程的结构维度和人际维度对个人创新行为的影响是显著的（结构维度：$\gamma_{01}=0.440$，$p<0.001$；人际维度：$\gamma_{01}=0.226$，$p<0.001$），这就意味着团队互动过程的结构维度和人际维度对个人创新行为均产生有正向作用。如表 5-14 所示，因此，本章节的假设 1a 和假设 1b 得到了验证。

表 5－13　团队互动过程两维度对个人创新行为的跨层次直接作用（随机效应）

自变量	随机效应	方差	自由度 df	χ^2	p 值
结构互动过程	τ_{00}	0.030	237	333.045 ***	0.000
	σ^2	0.239			
人际互动过程	τ_{00}	0.055	237	411.213 ***	0.000
	σ^2	0.238			

表 5－14　团队互动过程两维度对个人创新行为的跨层次直接作用（固定效应）

自变量	固定效应	系数	标准误	T 值	P 值
结构互动过程	γ_{00}	2.155 ***	0.238	9.053	0.000
	γ_{01}	0.440 ***	0.057	7.646	0.000
	γ_{02}	－0.038	0.030	－1.246	0.214
	γ_{03}	－0.009	0.008	－1.163	0.247
	γ_{04}	0.022 *	0.010	2.229	0.027
人际互动过程	γ_{00}	2.856 ***	0.246	11.630	0.000
	γ_{01}	0.226 ***	0.054	4.181	0.000
	γ_{02}	－0.025	0.033	－0.740	0.460
	γ_{03}	－0.013	0.009	－1.425	0.156
	γ_{04}	0.039 **	0.013	3.026	0.003

第四步，主观规范的截距预测模型分析。在层次二中加入团队互动过程结构维度，分析结果表明在 level－2 截距残差变异也都是显著的，表 5－15 表明团队互动过程结构维度和人际维度对主观规范的影响也是显著的（结构维度：$\gamma_{01} = 0.525$，$p < 0.001$；人际维度：$\gamma_{01} = 0.380$，$p < 0.001$），这意味着团队互动过程的结构维度和人际维度对主观规范的形成有正向作用，如表

5－16 所示。因此，本章节的假设 2a 和假设 2b 得到了验证。

表 5－15　　团队互动过程对主观规范的跨层次直接作用截距模型（随机效应）

自变量	随机效应	方差	自由度 df	χ^2	p 值
结构互动过程	τ_{00}	0.054	237	342.838 ***	0.000
	σ^2	0.392			
人际互动过程	τ_{00}	0.076	237	383.992 * * *	0.000
	σ^2	0.391			

表 5－16　　团队互动过程对主观规范的跨层次直接作用截距模型（固定效应）

自变量	固定效应	系数	标准误	T 值	P 值
结构互动过程	γ_{00}	2.001 ***	0.299	6.702	0.000
	γ_{01}	0.525 ***	0.075	6.977	0.000
	γ_{02}	－0.027	0.042	－0.656	0.512
	γ_{03}	－0.016	0.010	－1.653	0.099
	γ_{04}	－0.031 *	0.015	－2.061	0.040
人际互动过程	γ_{00}	2.405 ***	0.351	6.848	0.000
	γ_{01}	0.380 ***	0.079	4.783	0.000
	γ_{02}	－0.016	0.042	－0.383	0.701
	γ_{03}	－0.017	0.010	－1.677	0.094
	γ_{04}	－0.002	0.018	－0.130	0.897

第五步，检验总体层次解释变量对结果变量的总效果是否因中介变量的存在而消失。表 5－17 说明跨层次模型在 level－2 截距残差变异都是显著的。表 5－18 表明在层次 2（level－2）加入团队互动过程结构维度，层次 1（level－1）加入了个人的主观规范后，团队互动过程结构维度对个人创新行为依然存在着积极而显

著的影响（γ_{01} = 0.323，$p<0.001$），并且其绝对值小于第三步分析中 γ_{01}（γ_{01} =0.440，$p<0.001$）的估计值，主观规范对于个人创新行为的作用并没有消失（β_1 =0.212，$p<0.001$），因此，团队互动过程的结构维度除了直接影响个人创新行为外，还通过主观规范的中介作用间接正向影响个人创新行为。

此外，在层次 2（level－2）加入团队互动过程的人际维度，层次 1（level－1）加入了个人变量主观规范后，团队互动过程人际维度对个人创新行为依然存在着积极而显著的影响（γ_{01} = 0.116，$p<0.05$），如 5－18 所示，并且其绝对值小于第三步分析中 γ_{01}（γ_{01} =0.226，$p<0.001$）的估计值，主观规范对于个人创新行为的作用并没有消失（β_1 =0.245，$p<0.001$），因此，团队互动过程的人际维度除了直接影响个人创新行为外，还通过主观规范的中介间接正向影响个人创新行为。综合以上分析，团队互动过程通过主观规范的中介作用间接正向影响个人创新行为。因此，本章节的假设 3 和假设 4 得到了验证。

表 5－17 主观规范对结构维度与个人创新行为中介影响的完整模型（随机效应）

自变量	随机效应	方差	自由度 df	χ^2	p 值
结构互动过程	τ_{00}	0.034	236	351.910 ***	0.000
	σ^2	0.209			
人际互动过程	τ_{00}	0.049	236	405.185 ***	0.000
	σ^2	0.209			

（5）分析与讨论

①研究结果讨论。本书的研究结论发现团队互动过程对个人创新行为具有显著的正向影响，团队互动水平较高的团队更多地表现出对目标的承诺以及完成任务过程中的积极合作与沟通

表 5-18　主观规范对结构维度与个人创新行为中介影响的完整模型（固定效应）

自变量	固定效应	系数	标准误	t 值	p 值
结构互动过程	γ_{00}	2.012***	0.246	8.163	0.000
	γ_{01}	0.323***	0.060	5.406	0.000
	γ_{02}	-0.034	0.029	-1.174	0.242
	γ_{03}	-0.002	0.008	-0.273	0.785
	γ_{04}	0.035***	0.011	3.310	0.001
	β_1	0.212***	0.034	6.303	0.000
	β_2	-0.143***	0.035	-4.037	0.000
	β_3	-0.036	0.022	-1.677	0.093
人际互动过程	γ_{00}	2.580***	0.253	10.182	0.000
	γ_{01}	0.116*	0.058	2.007	0.046
	γ_{02}	-0.021	0.031	-0.686	0.493
	γ_{03}	-0.006	0.008	-0.681	0.496
	γ_{04}	0.045***	0.013	3.423	0.001
	β_1	0.245***	0.034	7.165	0.000
	β_2	-0.138***	0.036	-3.790	0.000
	β_3	-0.035	0.023	-1.510	0.131

（Wright 和 Drewery，2002；Smith，1994）。学者 Larson 和 LaFasto（1989）的研究发现团队的任务互动诸如明确活动目标、制定工作计划、角色分工等因素对团队具有积极效果。Bettenhausen（1991）也认为团队互动过程是团队成员行为的重要预测因子，会影响团队成员的绩效水平。本书的研究进一步印证了以上学者的研究结论，表明团队成员的创新过程的确需要通过讨论、建议以及认知的分享等互动过程使得他人接受自己的新观点并一起实施，团队成员间良好的互动过程是研发团队成功的重要基础。

此外，本研究将团队互动过程作为重要的情境变量进行研究，以期发现团队互动过程、创新主观规范以及个体创新行为之间的作用机制。研究结论表明团队互动过程的结构维度和人际维度都是通过主观规范对个人创新行为具有跨层次的正向影响效果。团队互动过程对主观规范的显著影响意味着尽管个人对集体规范的解释存在着偏差，团队互动过程对于创新活动的规范感知仍然具有一定的指导性。另外，创新主观规范对个人创新行为的显著影响表明在我国集体主义的文化背景下个体更容易将自己识别为团队中的一员，而为了维持自己作为团队成员的地位，个体对周围他人的行为和反应会更加敏感，更倾向于遵从社会规范，团队成员往往是通过观察团队成员的行为来决定自己在这个情境中应该的行为表现，这也与 Pillutla 和 Chen（1999）的研究结论一致，即个体感知到的社会规范比隐含的社会规范对个体行为的影响更为显著。

②管理意义与局限性。团队成员的个人创新对于企业创新的而言非常重要，然而具备何种特质的团队才能带来最大程度的创新优势是管理者所面临的重要议题。团队互动过程不仅能使一个群体变成团队，本书的结论进一步表明为了实现产品、服务或者工作流程等方面的创新，管理者应设法使成员之间表现出更多的互动。团队主管可通过团队层次的沟通、协调以及合作来激发成员的创新行为。比如，内部沟通在团队内促进新观点的传播，并且增加这些观点的数量和多元性，并进一步导致新观点之间的交互孕育（Aiken 和 Hage，1971）。由于创新过程的互动互依特征，因而整体上的团队互动过程显得非常必要（Stewart 和 Barrick，2000），当管理者认为在团队成员缺乏创新行为表现时，有必要判断团队本身在任务或者人际上的整合程度，也应考虑更为有机的团队结构设计方式以利于团队内部的互动过程。总而言之，通过各种措施所形成的全方位沟通与协作以及开放的互动通道，将有

利于团队成员积极地参与创新活动并促使成员创新行为的形成。

此外，团队互动过程在影响个人创新行为的过程中，创新活动的主观规范也具有显著的中介作用，这就意味着企业如果希望通过团队互动过程来促进个人创新行为，那么可以通过积极的团队创新规范以及对这些规范主观感知的引导来实施，由此来激发其创新行为。企业的管理者应该采取措施促使团队成员建立创新活动的互动能力并接受所属的团队规范，使其更有意愿配合团队的创新活动。为了目标的达成团队也需要发展出一套创新行为的活动机制，通过参与过程逐渐取得成员的认同和内化，最终促使团队成员表现出更多的创新行为。此外，要激发团队成员对团队创新规范的认同，团队互动过程应设置个人与其他成员的共同目标与利益，通过互动和规范力量来促成个人的创新行为。因此，在强化团队互动过程的同时，有必要密切关注团队互动过程是否形成了创新的主观规范，通过这种途径也有利于提升团队成员的创新行为；反之，如果个体针对创新活动没有形成针对创新活动的主观规范，那么团队互动过程对于个人创新行为的影响作用就会受到削弱。

本研究具有以下的研究局限性：首先，本书通过各种社会关系的协助采用便利抽样的方式完成数据资料的搜集，可能会使样本的来源过于分散，因而无法保证样本来源的代表性与随机性。再次，为避免共同方法偏差的问题，在测量方面将问卷区分为团队成员个人问卷及团队成员同事问卷，分别由团队成员及其共同的同事为数据收集来源。但是，除个人创新行为之外的创新主观规范变量仍由团队成员自行填写，因而无法完全避免共同方法变异的问题。最后，虽然本书指出个人因素与情景因素会对个人创新行为产生影响，然而本研究对人格特质与动机等因素还没有进行研究，尤其没有探讨这些个人因素与本书中的团队层次变量的交互作用机制。

组织创新问题的研究展望

组织创新的研究是一个复杂的过程，也是一个多层次的现象，任何单一的理论是无法组织创新进行研究。本书认为可以从以下几个方面展开未来的研究。

6.1　未来研究变量的选择

6.1.1　关注员工特质与组织情境的匹配

组织创新的过程与结果是受到员工和情境共同作用的，我们呼吁研究人员通过纳入人员—情境理论来拖入研究，在这个方面主要有特质激活理论、吸引—选择—磨合理论、社会信息处理理论等。特质激活理论（Tett 和 Guterman，2000）。根据特质激活理论，特质表现为对特质相关情境线索的反应，因此行为差异可以追溯到人格特质和情境（Tett 和 Guterman，2000）。特别是性格和特质对员工工作态度和行为的影响可能取决于情境提供的诱因（情境线索）。因此，这个理论为员工为什么对组织情境做出不同反应提供了理论解释。也就是说，当员工表现出某些人格特质时（Byrne，Stoner，Thompson 和 Hockwarter，2005），组织或团队情境对员工行为的影响就会加剧。此外，研究人员还应该考虑吸引—选择—磨合（ASA）理论，以了解员工对组织情境的不同反应（Ployhart，Weekley 和 Baughman，2006）。根据 ASA 理论，个体对特定组织的偏好是基于对其个人特征和潜在工作组织属性（即组织适合程度）的一致性的隐含估计。根据这一理论，我们可能预期具有创造力的员工会被具有创新氛围的组织所吸引并被这些组织所聘用。此外，我们可能预期，在创造员工数量增长的组织中员工流失率相对较高，尤其是当不愿意创新的员工选择离职时间的时候。

其次，社会信息处理理论在企业创新的研究中提供了有价值的依据。社会信息处理理论（SIPT）（Salancik 和 Pfeffer，1978）有助于解释工作环境是如何影响工作成果的。社会信息处理理论的基础是假设个人使用他们从工作环境中获得的社会信息，以便使他们的行为适应该环境。换句话说，社会信息可以通过为个人提供线索来解释他们工作的社会背景（Boekhorst，2014），进而帮助他们确定适当的行为方式。鉴于社会信息处理理论在解释工作环境影响方面的普及程度。基于社会信息处理理论，我们预测组织环境会作为信息的来源，指导员工了解在团队或组织背景下什么构成适当的行为，尤其是关于工作场所新想法的开发和实施。更具体地说，我们判断组织环境能够为员工提供线索，以便更广泛地了解组织领导者对工作中新想法的开发和实施的重视程度。社会信息处理理论理论也可以用来解释组织实践和领导力是如何通过加强组织和团队层面环境的塑造来影响创新成果。

6.1.2　关注文化、制度和价值观差异对创新的影响

本书的研究表明，现有文献缺乏文化或制度背景对创新的影响研究。研究表明创新率在社会背景之间存在显著差异（Taylor 和 Wilson，2012）。我们呼吁研究人员研究社会文化（如集体主义和权力距离等文化维度）和制度发展（如开创企业的便利程度，知识产权保护水平和腐败程度）是如何影响组织的创新过程和创新绩效。例如，借鉴 Hofstede's（2001）文化维度框架，我们可能会预期支持创新的组织氛围在高权力距离文化中不那么普遍，因为文化强调需要通过组织层级和鼓励个人进行实验的规则来维持控制，因此其不太可能创造有利于创新活动的氛围。同样地，由于先前的实证研究发现创新率在不确定性回避较低且个人主义较高的文化中较高（Taylor 和 Wilson，2012），研究人员也可能会研究创新氛围在这种文化中是否更流行。中国是集体主义文化的国家，集体文化更强调个人对整体的和谐与顺从，服从集体的利益、目标以及规范。员工的个人创新行为往往被看作对团队和谐的破坏或者对团队主管的挑战，比西方个人主义社会具有更大的个人风险和群体压力。但是，由于中国集体主义文化的影响，人们倾向于形成相依自我观（Markus 和 Kitayama，1991），团队成员表现出来的行为具有较高的社会取向（杨国枢，2005），即强调个人行为要符合社会规范和角色期望，个人的自尊主要依赖于别人对他的尊敬。因此，要激发团队成员的个人创新行为，并不一定完全出自个人喜好或自主意愿（姜定宇和郑伯埙，2003），即当工作团队期望成员表现出创新行为时，员工的创新行为就会表现得越多。因此，在中国背景下开展创新行为形成机理的研究需要考虑我国不同于西方个人主义的文化

环境。

除了调查文化层面的影响外，研究人员还可以调查制度发展水平是否可以预测创新活动水平。组织对制度的遵守受到强制性、规范性和模仿性压力以及发展合法性（Scott，2001）的影响，研究人员可以研究正式和非正式制度是如何影响不同国家和地区创新。我们可以预计，在政府官僚机构水平较低，企业法律保护水平较高且腐败水平较低的地区，创新活动和创新绩效会更高。此外，产业部门对组织创新环境的影响。我们可以预计创新氛围在广告、建筑、设计、时尚、电影和表演艺术等创意产业中更为普遍，因为它们被管理层给予更多的自由裁量权（Gotsi，Andriopoulos，Lewis 和 Ingram，2010）。相比之下，在那些常规结构化任务的行业如呼叫中心等（Fleming 和 Sturdy，2010），员工几乎没有自由裁量权，创新活动和创新绩效会较低。此外，未来还有必要进一步探讨东西方的工作价值观差异，因为这种价值观差异会影响个体的创新行为。华人员工价值观认同度的高低会影响创新，持有不同华人工作价值观者对于创新过程的认识可能有所不同，或因持有不同的认知导致不同的创新表现行为。例如，Huang（1998）等学者的研究将华人工作价值观分为“实用”和“勤勉”两个维度来。重视薪资、学历以及讲究人情或良好关系的“实用”维度，可能由于强调外在条件的追求或是人际关系的运用，并无法增进自身对工作的喜欢，这样可能会造成内在工作动机的减少以及团队迷思的出现，而忽视了自身的学习创新功能，从而使得员工创新过程中新观点的形成受到一定的抑制。因此，华人工作价值观对于创新的影响需要引起重视。

6.1.3 拓展创新过程的其他作用机制研究

未来的实证研究将通过研究不同类型企业、不同创新成果的产生及作用机制，来揭示创新与企业其他绩效指标的关系及作用机制。例如，Jansen 等人（2009）研究领导类型与组织结果之间的不匹配。同样，未来的研究可以探索已提出关系的可能的调节变量。例如，管理自主权（Hambrick 和 Finkelstein，1987）和高管工作要求（Hambrick 等，2005）可能会调节创新领导力和创新过程之间的关系。当缺乏约束时就会存在管理自由裁量权。一些研究表明，拥有高度自由裁量权的情况下，高管的特点与战略和绩效相关（Crossl 和 Hambrick，2007），未来的研究可能会揭示这些关系的性质和强度。

此外，加强创新与绩效之间的联系。创新研究的一个重要分支还出现在创业的文献中。例如，Narayanan（2009）等人最近对企业创业对企业绩效的短期和长期影响进行了回顾。前人对创业和领导的研究很多。学者们研究了机会的来源以及发现、评估和利用机会的过程以及实施这些过程的个人。创业与创新之间存在内在联系 Shane 和 Venkataraman（2000），因为两者都涉及发现、评估和利用机会（创业）和新颖性（创新）的过程。事实上，这两个领域的研究都可以追溯到熊彼特（Schumpeter，1934）关于经济发展的开创性著作。然而，前者的研究更强调个体行动者或企业家的角色，而后者的研究则是寻求个体行为与组织决定因素之间的平衡。鉴于对创业文献强调了个人代理及其采用的情境，未来将有必要把创业研究的结论应用到推进创新领导力的研究方面。

此外，组织创新还存在着负面的影响。我们的综述发现，大多数实证研究是基于创新活动对组织有益并且有用这一假设。尽管学者们非常重视创新氛围在提高创新成果方面的益处，但很少有人关注其负面后果（Janssen，Van de Vliert 和 West，2004）。虽然个人和团队是为了从这些活动（West 和 Farr，1989）中获得积极益处而进行创新活动，但创新过程是不可预测和有争议的，并且可能会与其他行为方式相互竞争（Kanter，1988）。因此，创新的特点是有风险的工作行为，尽管他们有良好的意图，但可能会给创新者带来意想不到的代价。因此，除了关注创新活动的好处外，还需要进行关于确定创新活动的成本和潜在负面影响的研究。例如，强烈的创新氛围可能导致员工形成负面情绪或其他态度上的反应，如被动态度、不安全感、压力、认知失调，敌意和对同事和主管关系的负面感受（Janssen，2003），尤其对于创新自我效能感水平较低的员工。研究人员还强调了该组织过度关注创新可能导致的其他潜在负面结果。这包括破坏性冲突，创新失败，业绩下降，工作态度负面和个人层面的压力，以及团队层面的凝聚力和效力降低（Janssen，Van de Vliert 和 West，2004）。

6.2 研究方法的拓展

通过对既有文献进行研究，我们发现至今仍未形成一个普遍公认的创新理论。例如经济理论主要运用于经济或社会层面，资源基础观和适应理论用于组织层面，心理理论则运用于个人层面。然而，他们没有进行这样的整合，未来需要进行更多的扩展和检验。层次问题确实是一个棘手的问题。虽然有的研究人员基于知识和能力视角认为价值和知识应用在公司层面（例如，Barney，2001），但 Felin 和 Hesterly（2007）对这种概念化提出了挑战，并提出了更加个人主义的价值创造基础。Felin 和 Foss（2005）认为要充分解释组织的任何事情无论是身份、学习、知识还是能力，必须从根本上开始于构成整体的个人并进行理解，特别是他们的特质、选择、能力、倾向性、期望和动机等。

Crossan 和 Apaydin（2010）认为个人水平的研究似乎没有得到充分体现，Felin 和 Foss（2006）在他们对学者的实践建议中呼吁将组织层面的变量与微观基础联系起来。

最近出现的实践基础观（PBV）的应用可能是将微观和宏观层面的理论结合起来的一种有前途的方法，它可以结合许多文献中的个人、企业、情境和流程等变量。这是一个自 20 世纪 80 年代以来获得很多关注的当代理论视角，它努力克服支持人类行为而忽视宏观力量的“个人”主义和重视大量社会力量而忽视个人行动“社会”主义之间的分歧（Whittington，2006）。实践基础观考虑了组织行动者组织所从事的活动（微观层面）、他们对组织结果的影响（宏观层面）以及情景和组织变量到行动者的反馈循环。Johnson 等人（2003）认为这种方法并不能取代传统的管理理论如资源观或制度理论，而是提供了一种解释机制。

在研究方法上，未来的研究有必要进一步探索创新过程的跨层次影响机制。由于创新过程的多层次性和互动性，跨层次的研究设计对于帮助我们理解创新过程是十分必要的。国内创新方面的研究大部分集中于宏观和微观层面的分析，而针对组织中创新的跨层次研究才刚刚起步。例如在在团队创新的研究中，团队互动之后形成的许多团队特征如团队信任、共同心智模式等对个人创新的影响有必要也从跨层次的角度进行研究。在个体层次上，组织报酬或者组织结构也可能也是一个重要的因素，其会影响团队或者员工的创新表现。同样，组织政策也可能影响团队或者员工能否在工作上产生新的观点或者采用新的方法创新地完成工作任务。在此基础上，未来的研究也有必要进一步探讨这些个人层次影响因素之间、团队层次影响因素之间以及个人层次和团队层次影响因素之间的交互作用，以期有更多的研究发现来增强对管理实践的解释力。

参考文献

[1] 白云涛，王亚刚，席酉民．多层级领导对员工信任、工作绩效及创新行为的影响模式研究．管理工程学报，2008，3：24～29.

[2] 北京晨报网．广东罗定群众抗建垃圾焚烧厂发生冲突．http：//www. morningpost. com. cn/.

[3] 蔡启通．组织因素、组织成员整体创造性与组织创新之关系．博士学位论文．台湾：台湾大学，1997.

[4] 陈瑞，郑毓煌，刘文静．中介效应分析：原理，程序，Bootstrap 方法及其应用．营销科学学报，2013，9（4）：120～135.

[5] 陈淑玲．创新行为与创新绩效跨层次分析—资源基础理论观点．博士学位论文．台湾：国立中山大学，2006.

[6] 耿昕，石金涛，张文勤．变革型领导、团队创新气氛对组织公民行为的影响－跨层次研究模型．科学学与科学技术管理，2009，9：184～187.

[7] 顾琴轩，王莉红．人力资本与社会资本对创新行为的影响——基于科研人员个体的实证研究．科学学研究，2009，10：1564～1570.

[8] 顾远东，彭纪生．组织创新氛围对员工创新行为的影响：创新自我效能感的中介作用．南开管理评论，2010，1：30～41.

[9] 韩杨，罗瑾琏，钟竞．双元领导对团队创新绩效影响研究——基于惯例视角［J］．管理科学，2016，29（1）：

70 ~ 85.

[10] 鹤山核燃料项目为何取消——“社稳”评估有疑问 . http：//www. chnroad. com/industrynews.

[11] 候杰泰，温忠麟，成子娟 . 结构方程模型及其应用 . 北京：教育出版社，2004.

[12] 姜定宇，郑伯埙 . 组织忠诚、组织承诺及组织公民行为 . 组织行为研究在台湾：三十年回顾与展望 . 台北：桂冠图书出版社，2003.

[13] 蒋琳锋，袁登华，个人主动性的研究现状与展望，心理科学进展，2009 年第 17 期，165 ~ 171.

[14] 柯江林，孙健敏，石金涛 . 变革型领导对 R&D 团队创新绩效的影响机制研究 [J] . 南开管理评论，2009，12 (6)：19 ~ 26.

[15] 李泓桥 . 创业导向对企业突破性创新的影响研究：互补资产的调节作用 . 科学学与科学技术管理，2013，34 (3)：126 ~ 135.

[16] 林姿葶，郑伯埙 . (2014) . 鉴往知来：领导研究中的时间议题 . 中华心理学刊，56 (2)：237 ~ 255.

[17] 凌建勋 . 团队创新气氛问卷的编制与研究 . 硕士学位论文 . 广州：暨南大学，2003.

[18] 刘电芝，彭杜宏，王秀丽，席斌 . 团队互动过程研究述评 . 应用心理学，2008，14：91 ~ 96.

[19] 刘军 . 管理研究方法：原理与应用 . 北京：中国人民大学出版社，2008.

[20] 刘小禹，孙健敏，周禹 . 变革/交易型领导对团队创新绩效的权变影响机制——团队情绪氛围的调节作用 [J] . 管理学报，2011，8 (6)：857 ~ 864.

[21] 刘雪峰，张志学．模拟情境中工作团队成员互动过程的初步研究及其测量．心理学报，2005，37（2）：253～259.

[22] 刘云，石金涛．组织创新气氛对员工创新行为的影响过程研究——基于心理授权的中介效应分析．中国软科学，2010，3：133～144.

[23] 罗瑾琏，胡文安，钟竞．悖论式领导、团队活力对团队创新的影响机制研究［J］．管理评论，2017，29（7）：122～134.

[24] 罗瑾琏，王亚斌，钟竞．员工认知方式与创新行为关系研究——以员工心理创新氛围为中介变量．研究与发展管理，2010，2：1～8.

[25] 隋杨，陈云云，王辉．创新氛围、创新效能感与团队创新：团队领导的调节作用［J］．心理学报，2012，44（2）：237～248.

[26] 王凤彬，甄珍．创新研究中的多层次性及其发展前沿《第四届（2009）中国管理学年会－技术与创新管理分会场论文集》.2009.

[27] 王海霞．团队互动过程对团队效能的影响研究．博士学位论文．天津：天津财经大学，2008.

[28] 王双龙，马璇．团队创新行为与标准化工作实践对团队绩效的影响机制研究．中国科技论坛，2015（1）：138～142.

[29] 王双龙．联盟关系的多样性对企业创新平衡模式的影响机制研究．科学学与科学技术管理，2018（1）：107～117.

[30] 王唯梁．团队创新中的二元性研究：概念、机制与前因［D］．浙江大学，2016.

[31] 温福星，邱皓政．组织研究中的多层次调节式中介效果：以组织创新气氛、组织承诺与工作满意的实证研究为例．管

理学报（台湾），2009，2：189～211.

［32］温瑶，甘怡群，主动性人格与工作绩效：个体——组织匹配的调节作用，应用心理学，2008 年第 14 卷第 2 期，118～127.

［33］薛靖，任子平．从社会网络角度探讨个人外部关系资源与创新行为关系的实证研究，管理世界，2006，5：150～151，157.

［34］杨国枢．中国人的社会取向：社会互动的观点．见杨国枢，余安邦（编），中国人的心理与行为——理念及方法篇．台北：桂冠图书公司．1993.

［35］袁庆宏，王双龙．心理授权与主动性人格对个体创新行为的影响研究．当代财经，2010（11）.

［36］张峰，邱玮．探索式和开发式市场创新的作用机理及其平衡．管理科学，2013（1）：1～13.

［37］张国梁，卢小君．组织的学习型文化对个人创新行为的影响——动机的中介作用分析．研究与发展管理，2010，2：16～23.

［38］张军成，凌文辁．时间领导研究述评与展望：一个组织行为学观点．外国经济与管理，2015，37（1）：3～10.

［39］张雷，雷雳，郭伯良．多层线性模型应用．北京：教育科学出版社．2003.

［40］张涛．团队冲突理论模型及其实证研究．［博士学位论文］．北京：北京交通大学，2009.

［41］张文勤，石金涛，宋琳琳，顾琴轩．团队中的目标取向对个人与团队创新的影响——多层次研究框架．科研管理，2008，6：74～81.

［42］张文勤，石金涛．研发主管目标取向对创新气氛与创

新行为的影响．科学学研究，2009，3：459～465.

［43］张文勤；石金涛；刘云．团队成员创新行为的两层影响因素：个人目标取向与团队创新气氛．南开管理评论，2010，5：22～30.

［44］张文勤；石金涛；刘云．团队成员创新行为的两层影响因素：个人目标取向与团队创新气氛．南开管理评论，2010，5：22～30.

［45］张晓曼，卢小君．学习型文化的发展阶段与个人创新行为的关系研究．科技与管理，2008，6：23～26.

［46］张秀霞．人格特质、团队互动过程与创新行为之相关性研究．硕士学位论文．台湾：朝阳科技大学，2006.

［47］张秀霞．人格特质、团队互动过程与创新行为之相关性研究．硕士学位论文．台湾：朝阳科技大学，2006.

［48］张韫黎，陆昌勤．（2009）．挑战性－阻断性压力与员工心理和行为的关系：自我效能感的调节作用．心理学报，41（6），501～509.

［49］张志学，Paul Hempel，韩玉兰，邱静．高技术工作团队的交互记忆系统及其效果．心理学报，2006，38：271～280.

［50］张志学．组织心理学研究的情境化及多层次理论．心理学报，2010，42：10～21.

［51］周海华，王双龙．正式与非正式的环境规制对企业绿色创新的影响机制研究．软科学，2016，30（8）：47～51.

［52］周莹，王二平．团队过程的研究现状．人类工效学，2007，13：64～66.

［53］周志强，龙勇．竞合关系中的学习策略选择机制研究．研究与发展管理，2013，25（4）：116～125.

［54］朱苏丽，龙立荣．员工创新工作行为的研究述评与展

望．武汉理工大学学报（信息与管理工程版），2009，6：1029 ~1032.

[55] Ajzen，I.，Brown，T C，Carvajal，F（2004）．Explaining the discrepancy between intentions and actions：The case of hypothetical bias in contingent valuation. Personality and Social Psychology Bulletin，30（9），1108 ~1121.

[56] Ajzen，I.，Fishbein，M.（1980）．Understanding attitudes and predicting social behavior. PRENTICE－HALL.

[57] Ajzen，I.，（2002）Perceived Behavioral Control，Self－Efficacy，Locus of Control，and the Theory of Planned Behavior．Journal of Applied Social Psychology，32：1 ~20.

[58] Ajzen，I.（1991）．The theory of planned behavior. Organizational Behavior and Human Decision Processes. 50. 179 ~211.

[59] Allee，Verna.（1997）．12 principles of knowledge management. Training and Development，51（11），71 ~74.

[60] Allen，V. L.（1965）Conformity and the role of the deviant. Journal of Personality，33，584 ~597.

[61] Almashari，M.，Zairi，M.，Alathari，A.（2002）．An empirical study of the impact of knowledge management on organizational performance. Data Processor for Better Business Education，42（5），74 ~82.

[62] Amabile，T. M.（1987），The motivation to be creative. In S. Isaksen（Ed.），Frontiers in creativity：Beyond the basics：223 ~254. Buffalo，NY：Bearly Limited.

[63] Amabile，T. M.（1988）．A model of creativity and innovation in organizations. Research in Organizational Behavior，10，123 ~167.

[64] Amabile, T. M., Gryskiewicz, S. S. (1987), Creativity in the R and D laboratory (Technical Report No. 30). Greensboro, NC: Center for Creative Leadership.

[65] Amabile, T. M., Conti, R., Coon, H., Lazenby, J., Herron, M. (1996). Assessing the work environment for creativity. Academy of management journal, 39 (5), 1154 ~ 1184.

[66] Amabile, T. M., Hadley, C. N., Kramer, S. J. (2002). Creativity under the gun. Harvard business review, 80, 52 ~ 63.

[67] Amabile, T. M. (1988). A model of creativity and innovation in organizations. In B. M. Shaw and Cummings (Eds.). Research in organizational behavior, 10, 123 ~ 167.

[68] Amabile, Teresa. (1996). Creativity in context: update to the psychology of creativity. High Ability Studies (2), 100 ~ 101.

[69] Amabile, T. M., Conti, R., Coon, H., Lazenby, J., Herron, M. (1996). Assessing the work environment for creativity. Academy of Management Journal, 39 (5), 1154 ~ 1184..

[70] Ames, C., Archer, J. (1988). Achievement goals in the classroom: Students' learning strategies and motivation processes. Journal of Educational Psychology, Vol. 80, pp. 260 ~ 267.

[71] Ancona, D. (1990) Outward bound: Strategies for team survival in the organization. Academy of Management Journal 33: 334 ~ 365.

[72] Ancona, D. G., Caldwell, D. F. (1992) Demography and design: Predictors of new product team performance. Organization Science, 3: 321 ~ 341.

[73] Anderson, N. R., Hardy, G., West, M. A. (1990).

Innovative teams at work. Personnel Management, September, pp. 48 ~53.

[74] Anderson, N. R., West, M. A. (1998). Measuring climate for work group innovation: development and validation of the team climate inventory. Journal of Organizational Behavior, 19 (3), 235 ~258.

[75] Andrew, H. Gold A. (2001) Knowledge management: An organizational capabilities perspective. Journal of Management Information Systems, Summer; 18 (1): 185 ~214.

[76] Argyris, C. (1993). On the nature of actionable knowledge. Psychologist, 6, 29 ~32.

[77] Baer, M., Oldham, G. R. (2006). The curvilinear relation between experienced creative time pressure and creativity: moderating effects of openness to experience and support for creativity. Journal of Applied Psychology, 91 (4), 963.

[78] Bantel, K., Jackson, S. E. (1989). Top management and innovations in banking: Does the composition of top team make a difference? Strategic Management Journal, 10, 107 ~124.

[79] Baron R M, Kenny D A. (1986) The moderator - mediator variable distinction in social psychological research: Conceptual, strategic, and statistical considerations. Journal of personality and social psychology, 51 (6): 1173.

[80] Beal, D. J., Cohen, R. R. (2003) Cohesion and performance in groups: A meta - analytic clarification of construct relations. Journal of Applied Psychology. 88 (6): 989 ~1004.

[81] Beckman C M, Haunschild P R. (2002) Network learning: The effects of partners' heterogeneity of experience on corporate

acquisitions. Administrative science quarterly, 47 (1): 92~124.

[82] Beehr, T. A., Jex, S. M., Stacy, B. A., Murray, M. A. (2000). Work stressors and coworker support as predictors of individual strain and job performance. Journal of Organizational Behavior, 391~405.

[83] Benner, M. J. and Tushman, M. L. (2003) Exploitation, exploration, and process management: The productivity dilemma revisited. Academy of Management Review. 28: 238~256.

[84] Berger, P. L. (1983). Secularity: West and east. Cultural identity and modernization in Asian countries. Kokugakuin University Centennial Symposium.

[85] Bettenhausen, Kenneth L. (1991) Five years of group research: What we have learned and what needs to be addressed. Journal of Management, 17: 345~381.

[86] Blackman, A. and G. J. (1998) Bannister, Community Pressure and Clean Technology in the Informal Sector: An Econometric Analysis of the Adoption of Propane by Traditional Mexican Brickmakers, Journal of Environmental Economics and Management, 35 (1), 1~28.

[87] Blake, P. (1998) The Knowledge Management Expansion, Information Today, 15 (1), 12~13.

[88] Bligh, M. C., Hess, G. D. (2007). The power of leading subtly: Alan Greenspan, rhetorical leadership and monetary policy. The Leadership Quarterly, 18, 87~104.

[89] Bluedorn, A. C., Jaussi, K. S. (2008). Leaders, followers and time. The Leadership Quarterly, 19, 654~668.

[90] Blumberg, M., Pringle, C. D. (1982) The missing op-

portunity in organizational research: some implications for a theory of work performance, Academy of Management Review, (7): 560 ~569.

[91] Borsari, B., Carey, K. B. (2003). Descriptive and injunctive norms in college drinking: A meta – analytic integration, Journal of Studies on Alcohol, 64 (3), 331 ~341.

[92] Bourgeois, L. J. (1981) On the measurement of organizational slack. Academy of Management Review, 6, 29 ~39.

[93] Bourgeois, L. J. (1980) Strategy and environment: A conceptual integration, Academy of Management Review, 5: 25 ~39.

[94] Brindley, T. A. (1989). Socio – psychological value in the Republic of China (I). Asian Thought and Society, 14, 98 ~115.

[95] Bunce, D. M. A. (1995) West Personality and perceptions of group climate factors as predictors of individual innovation at work. Applied Psychology: an international review, 44: 199 ~215.

[96] Bunderson, J. S., Sutcliffe, K. M. (2003). Management team learning orientation and business unit performance. Journal of Applied Psychology, 88, 552 ~560.

[97] Burgelman R A. (2002) Strategy as vector and the inertia of coevolutionary lock – in. Administrative Science Quarterly, 47 (2): 325 ~357.

[98] Burgelman, R. A. (1991). Intraorganizational ecology of strategy making and organizational adaptation: Theory and field research. Organization science, 2 (3), 239 ~262.

[99] Burgelman, R. A. (1991) Intraorganizational ecology of

strategy making and organizational adaptation: Theory and field research. Organization science, .2 (3), 239 ~ 262.

[100] Burke, C. S., Stagl, K. C., Salas, E., Pierce, L., Kendall, D. (2006). Understanding team adaptation: A conceptual analysis and model. Journal of Applied Psychology, 91, 1189 ~ 1207.

[101] Button, S. B., Mathieu, J. E., Zajac, D. M. (1996). Goal orientation in organizational research: A conceptual and empirical foundation. Organizational Behavior and Human Decision Processes, 67, 26 ~ 48.

[102] Campion MA, Medsker GJ, HiggsAC. (1993). Relations between work group characteristics and effectiveness: Implications for designing effective work groups. Personnel Psychology, 46, 823 ~ 850.

[103] Campo, S., Brossard, D., Frazer, M. S., Marchell, T., Lewis, D., Talbot, J. (2003). Are social norms campaigns really magic bullets? Assessing the effects of students' misperceptions on drinking behavior. Health Communication, 15 (4), 481 ~ 497.

[104] Carrillo JE, C Gaimon. (2000) Improving manufacturing performance through process change and knowledge creation. Management Science: 46 (2): 265 ~ 288.

[105] Carron, A. V. (1982) Cohesiveness in sport group: Interpretations and considerations. Journal of Sport psychology, 4 (2): 123 ~ 138.

[106] Cavanaugh, M. A., Boswell, W. R., Roehling, M. V., Boudreau, J. W. (2000). An empirical examination of self-reported work stress among US managers. Journal of applied psychol-

ogy, 85 (1), 65.

[107] Chang, Y. Y., Hughes, M. (2012). Drivers of innovation ambidexterity in small - to medium - sized firms. European Management Journal, 30 (1), 1 ~ 17.

[108] Chao, Y. T. (1990). Culture and work organizations: The Chinese case. International Journal of Psychology, 25, 583 ~ 592.

[109] Cheng, Y. T. and Van de Ven, A. H. (1996) Learning the innovation journey: Order out of chaos? Organization Science, 7: 593 ~ 614.

[110] Christian, J., Abrams, D. (2004). A tale of two cities: predicting homeless people'st uptake of outreach programs in London and New York. Basic and Applied Social Psychology, 26 (2), 169 ~ 182.

[111] Christian, J., Armitage, C. J. (2002). Attitudes and intentions of homeless people towards service provision in South Wales. British Journal of Social Psychology. 41 (2). 219 ~ 232.

[112] Cialdini, R. B., Reno, R. R., Kallgren, C. A. (1990) A focus theory of normative conduct: Recycling the concept of norms to reduce littering in public places. Journal of Personality and Social Psychology, 58: 1015 ~ 1026.

[113] Clemens, Bruce, Charles E. (2008) Bamford and Thomas J. Douglas, Choosing Strategic Responses to Address Emerging Environmental Regulations: Size, Perceived Influence and Uncertainty. Business Strategy and the Environment, 17: 493 ~ 511.

[114] Cohen, W. M. and Levinthal, D. A. (1990) Absorptive capacity: A new perspective on learning and innovation. Administra-

tive science quarterly, 128 ~ 152.

[115] Cooper, C. L., Dewe, P. J., O ′Driscoll, M. P. (2001). Organizational stress: A review and critique of theory, research, and applications. Sage.

[116] Cropanzano, R. James, C., Citera, M. (1993). A goal hierarchy model of personality, motivation and leadership. Research in Organizational Behavior, 15, 267 ~ 322.

[117] Davenport, T. H. (1998). Successful Knowledge Management Project., Sloan Management Reviews, 43 ~ 57.

[118] Dobbins, G. H., Zaccaro, S. J. (1986). The effects of group cohesion and leader behavior on subordinate satisfaction. Group and Organization Studies, 11: 203 ~ 219.

[119] Dweck, C. S., Leggett, E. L. (1988). A social - cognitive approach to motivation and personality. Psychological Review, 95, 256 ~ 273.

[120] Erez, M., Earley, P. c., Hulin, C. L. (1985). The impact of participation on goal acceptance and performance: A two - step model. Academy of Management Journal, 28, 50 ~ 66.

[121] Ettlie, J. E. (1984) Bridges, W. P. and O'Keefe, R. D. Organization Strategy and Structural Differences for Radical versus Incremental Innovation. Management Science, 30, 682 ~ 95.

[122] Fang, C. H, Chang, S. T., Chen, G. L. (2011). Organizational learning capability and organizational innovation: The moderating role of knowledge inertia. African Journal of Business.

[123] Farr, J. L., Hofmann, D. A., Ringenbach, K. L. (1993). Goal orientation and action control theory: Implications for industrial and organizational psychology. In C. L.

[124] Feldman, M. S., Pentland, B. T. (2003) Reconceptualizing organizational routines as a source of flexibility and change. Administrative Science Quarterly, 48: 94 ~ 118.

[125] Felin, T., Foss, N. J., Heimeriks, K. H., Madsen, T. L. (2012). Micro - foundations of routines and capabilities: Individuals, processes, and structure. Journal of Management Studies, 49 (8), 1351 ~ 1374.

[126] Foss, N. J. (2011). Invited editorial: Why micro - foundations for resource - based theory are needed and what they may look like. Journal of Management, 37 (5), 1413 ~ 1428.

[127] Freedman, J. L., Edwards, D. R. (1988). Time pressure, task performance, and enjoyment.

[128] Fullagar, C. J., Egleston D. O. (2008) Norming and Performing: Using Micro worlds to Understand the Relationship Between Team Cohesiveness and Performance, Journal of Applied Social Psychology, 38: 2574 ~ 2593.

[129] Gann, D. M., Y. Wang and R. (1998). Hawkins, Do Regulations Encourage Innovation? The Case of Energy Efficiency in Housing. Building Research and Information, 26 (4): 280 ~ 296.

[130] Gardner, H. K. (2012). Performance pressure as a double - edged sword: Enhancing team motivation but undermining the use of team knowledge. Administrative Science Quarterly, 57 (1), 1 ~ 46.

[131] George, J. M., Bettenhausen, K. (1990) Understanding pro - social behavior, sales Performance, and turnover: A group - level analysis in a service context .. Journal of Applied Psychology, 75, 698 ~ 709.

[132] Gevers, J. M., Demerouti, E. (2013). How supervisors' reminders relate to subordinates' absorption and creativity. Journal of Managerial Psychology, 28 (6), 677 ~ 698.

[133] Gevers, J. M., Rutte, C. G., Van Eerde, W. (2006). Meeting deadlines in work groups: Implicit and explicit mechanisms. Applied psychology, 55 (1), 52 ~ 72.

[134] Gibson, C. B., Birkinshaw, J. (2004). The antecedents, consequences, and mediating role of organizational ambidexterity. Academy of Management Journal, 47, 209 ~ 226.

[135] Gilson, L. L., Mathieu, J. E., Shalley, C. E., Ruddy, T. M. (2005) Creativity and standardization: Complementary or conflicting drivers of team effectiveness? Academy of Management Journal, 48: 521 ~ 531.

[136] Gnyawali D R, Park B J R. (2011). Co – opetition between giants: Collaboration with competitors for technological innovation. Research Policy, 40 (5): 650 ~ 663.

[137] Godkin, L. and Allcorn, S. (2008), Overcoming organizational inertia: a tripartite model for achieving strategic organizational change, The Journal of Applied Business and Economics, Vol. 8 No. 1, pp. 82 ~ 94.

[138] Goerzen A, Beamish P W. (2005) The effect of alliance network diversity on multinational enterprise performance. Strategic Management Journal, 26 (4): 333 ~ 354.

[139] Gomberg, L., Schneider. S. K.. Dejong. W. (2001). Evaluation of social norms marketing campaign to deduce high – risk drinking at the University of Mississippi. American Journal of Drug and Alcohol Abuse, 27 (2). 375 ~ 389.

[140] Good, D., Michel, E. J. (2013). Individual ambidexterity: Exploring and exploiting in dynamic contexts. The Journal of Psychology, 147, 435 ~453.

[141] Grube. J. W., Morgan. M., McGree. S. T. (1986). Attitudes and normative beliefs as predictors of smoking intentions and behaviors: A test of three models. British Journal of Social Psychology. 25 (2), 81 ~93.

[142] Gupta, A. K., Smith, K. G. and Shalley, C. E. (2006). The interplay between exploration and exploitation. Academy of Management Journal, 4: 693 ~706.

[143] Hackman, J. R. (1983). A normative model of work team effectiveness New Haven, CT: Yale School of Organization and Management.

[144] Hannan, M. T., Freeman, J. (1984). Structural Inertia and Organizational Change. American Sociological Review, 49, 149 ~164.

[145] Hardy, C., N. Phillips, and B. T. Lawrence. (2003). Resource, Knowledge and Influence: The Organizational Effects of Interorganizational Collaboration, Journal of Management Studies, 40 (2): 321 ~347.

[146] Hart, S. L. (1995). A natural – resource based view of the firm, Academy of Management Review, 20 (4). 986 ~1014.

[147] Henriques, I., Sadorsky, P. (1996). The determinants of an environmental responsive firm: An empirical approach. Journal of Environmental Economics and Management, 30, 381 ~395.

[148] Henriques, I., Sadorsky, P. (1999). The relationship

between environmental commitment and managerial perceptions of stakeholder importance. Academy of Management Journal, 42, 87 ~99.

[149] Hirokawa, R. Y. (1990). The role of communication in group decision making efficacy: A task contingency perspective. Small Group Research, 21, 190 ~204.

[150] Hirst, G., van Knippenberg, D., Zhou, J. (2009). A cross - level perspective on employee creativity: Goal Orientation, team learning behavior, and individual creativity. Academy of Management Journal, 52: 280 ~293.

[151] Hofstede, G. (1984). The cultural relativity of the quality of life concept. Academy of Management Review, 9, 389 ~398.

[152] Hofstede, G. (1991). Cultures and organizations: Software of the mind. London: McGraw.

[153] Huang, H. J., Eveleth, D. M. and Huo, Y. P. (1998). Chinese work - related value system: Developing a "GCF - LEACH" framework for comparative studies among Chinese societies. Paper presented at The Inaugural Conference of the Asian Academy of Management, Hong Kong.

[154] Hurt, H. Joseph, K and Cook, C. (1977). Scale for the measurement of innovativeness, Human Communication Research, 4: 58 ~65.

[155] Inkpen A C. (1998). Learning and knowledge acquisition through international strategic alliances. The Academy of Management Executive, 12 (4): 69 ~80.

[156] James R. Barker. (1993). Tightening the Iron Cage:

Concertive Control in Self – Managing Teams. Administrative Science Quarterly, 38: 408 ~437.

[157] James, L. R. , Demaree, R. G. , Wolf, G. (1993). Rwg: An assessment of within group interrater agreement. Journal of Applied Psychology, 78: 306 ~309.

[158] Jansen J J P, Van Den Bosch F A J, Volberda H W. (2006) . Exploratory innovation, exploitative innovation, and performance: Effects of organizational antecedents and environmental moderators. Management science, 52 (11): 1661 ~1674.

[159] Janssen, O. (2000) . Job demands, perceptions of effort – reward fairness, and innovative work behavior . Journal of Occupational and organizational psychology, 73: 287 ~302.

[160] Jasmand, C. , Blazevic, V. , De Ruyter, K. (2012) . Generating sales while providing service: A study of customer service representatives' ambidextrous behavior. Journal of Marketing, 76, 20 ~37.

[161] Jensen, M. (1993) . The modern industrial revolution, exit and the failure of internal control systems, Journal of Finance, 48: 831 ~880.

[162] Jha, A. K. , Bose, I. (2016) . Innovation research in information systems: A commentary on contemporary trends and issues. Information and Management, 53 (3), 297 ~306.

[163] Jin Nam Choi (2007) . Group composition and employee creative behaviour in a Korean electronics company: Distinct effects of relational demography and group diversity, Journal of Occupational and Organizational Psychology (2007), 80, 213 ~234.

[164] Kaiser, H. F. An index of factorial simplicity . Psy-

chometrika, 1974, 39: 31 ~36.

[165] Kang, S. C., Snell, S. A. (2009). Intellectual capital architectures and ambidextrous learning: a framework for human resource management. Journal of Management Studies, 46 (1), 65 ~92.

[166] Kanter, R. M. (1988). When a thousand flowers bloom: structural, collective and social conditions for innovation in organization, Research in Organizational behavior, 10, 169 ~211.

[167] Kanter, R. M. (1988). When a thousand flowers bloom: structural, collective and social conditions for innovation in organization. Research in Organizational behavior, 10: 169 ~211.

[168] Karau, S. J., Kelly, J. R. (1992). The effects of time scarcity and time abundance on group performance quality and interaction process. Journal of experimental social psychology, 28 (6), 542 ~571.

[169] Katz, A. (2007). Pharmaceutical Lemons: Innovation and Regulation in the Drug Industry. Michigan Telecommunications and Technology Law Review, 14 (1): 1 ~41.

[170] Kelly, J. R., Karau, S. J. (1999). Group decision making: The effects of initial preferences and time pressure. Personality and Social Psychology Bulletin, 25 (11), 1342 ~1354.

[171] Kelly, K. E. (2006), Relationship Between the Five - Factor Model of Personality and the Scale of Creative Attributes and Behavior: A Validational Study, Individual Differences Research, 5, 299 ~305.

[172] Khanna T, Gulati R, Nohria N. (1998). The dynamics of learning alliances: Competition, cooperation, and relative scope.

Strategic management journal, 193 ~210.

[173] Kirkman, B. L., Rosen, B. (1999). Beyond self management: Antecedents and consequences of team empowerment. Academy of Management Journal, 42, 58 ~74.

[174] Kirton M. J. (1976). Adaptors and innovators: A description and measure. Journal of Applied Psychology, (61): 622 ~629.

[175] Kleysen, R. F. C. T. (2001). Street Towards a Multi – dimensional measure of individual innovative behavior. Journal of Intellectual Capital, 2 (3): 284 ~296.

[176] Kleysen, R. F., Street, C. T. (2001). Towards a Multi – dimensional measure of individual innovative behavior, Journal of Intellectual Capital, 2 (3): 284 ~296.

[177] Kobarg, S., Wollersheim, J., Welpe, I. M., Spö – rrle, M. (2016). Individual ambidexterity and performance in the public sector: a multilevel analysis. International Public Management Journal, 1 ~35.

[178] Koka B R, Prescott J E. (2002). Strategic alliances as social capital: A multidimensional view. Strategic management journal, 23 (9): 795 ~816.

[179] Krause, D. E. (2004). Influence – based leadership as a determinant of the inclination to innovate and of innovation – related behaviors: An empirical investigation. Leadership Quarterly, 15 (1): 79 ~102.

[180] Lakshman, C. (2005). Top executive knowledge leadership: managing knowledge to lead change at General Electric", Journal of Change Management, 5 (4): 429 ~446.

[181] Langfred, C. W. (1998). Is Group Cohesiveness a Double – Edged Sword? An Investigation of the Effects of Cohesiveness on Performance. Small Group Research, 29: 124 ~ 143.

[182] Lavie, D., Rosenkopf, L. (2006). Balancing exploration and exploitation in alliance formation. Academy of Management Journal, 49 (4), 797 ~ 818.

[183] Lazaruse, R. S., Folkman, S. (1984). Stress appraisal and coping New York.

[184] Leibenstein, Harvey. (1969). Organizational of Frictional Equilibrium, X – Efficiency and the Rate of Innovation. Q. J. E. 83: 600 ~ 623.

[185] Leong, C. S., Furnham, A., Cooper, C. L. (1996). The moderating effect of organizational commitment on the occupational stress outcome relationship. Human relations, 49 (10), 1345 ~ 1363.

[186] LePine, J. A., Piccolo, R. F., Jackson, C. L., Mathieu, J. E., Saul, J. R. (2008). A meta – analysis of teamwork processes: Tests of a multidimensional model and relationships with team effectiveness criteria. Personnel Psychology.

[187] LePine, J. A., Podsakoff, N. P., LePine, M. A. (2005). A meta – analytic test of the challenge stressor – hindrance stressor framework: An explanation for inconsistent relationships among stressors and performance. Academy of Management Journal, 48 (5), 764 ~ 775.

[188] Li, Q., Maggitti, P. G., Smith, K. G., Tesluk, P. E., Katila, R. (2013). Top management attention to innovation: The role of search selection and intensity in new product introductions. Academy of Management Journal, 56 (3), 893 ~ 916.

[189] Liao, S. H. (2002). Problem solving and knowledge inertia. Expert Systems with Applications, 22, 21 ~ 31.

[190] Liao, S. H. (2002). Problem solving and knowledge inertia. Expert Systems with Applications, 22, 21 ~ 31.

[191] Lu, L., Cooper, C. L., Kao, S. F, Zhou, Y. (2003). Work stress, control beliefs and well – being in Greater China. Journal of Managerial Psychology, 18 (6), 479 ~ 510.

[192] Luca L M D, Atuahene – Gima K. (2007). Market knowledge dimensions and cross – functional collaboration: Examining the different routes to product innovation performance. Journal of Marketing, 71 (1): 95 ~ 112.

[193] Manning, M. (1996). The effects of subjective norms on behavior in the theory of planned behavior: A meta – analysis. British Journal of Social Psychology, 2009, 48: 649 ~ 705.

[194] March, J. (1991). Exploration and Exploitation in Organizational Learning. Organization Science, 2: 71 ~ 87.

[195] March, J. G. (1991). Exploration and exploitation in organizational learning. Organization science, 2 (1), 71 ~ 87.

[196] March, J. G. (1991). Exploration and exploitation in organizational learning. Organization Science, 2: 71 ~ 87.

[197] Marks, M. A., Mathieu, J. E., Zaccaro, S. J. (2001). A temporally based framework and taxonomy of team processes. Academy of Management Review, 26 (3): 356 ~ 376.

[198] Markus, H., Kitayama, S. (1991). Culture and the self: Implications for cognition, emotion, and motivation. Psychological Review, 98: 224 ~ 253.

[199] Mathieu, J. E., Schulze, W. (2006). The influence of

team knowledge and formal plans on episodic team process performance relationships. Academy of Management Journal, . 49: 605 ~ 619.

[200] McEvily B, Zaheer A. (1999) . Bridging ties: A source of firm heterogeneity in competitive capabilities. Strategic management journal, 1133 ~ 1156.

[201] Moenaert, R. K. , Caeldries, F. , Lievens, A. , Wauters, E. (2000) . Communication flows in international product innovation teams. Journal of product innovation management, 17 (5), 360 ~ 377.

[202] Mohammed, S. , Nadkarni, S. (2011) . Temporal diversity and team performance: The moderating role of team temporal leadership. Academy of Management Journal, 54 (3), 489 ~ 508.

[203] Mom, T. J. , Van Den Bosch, F. A. , Volberda, H. W. (2012) . Understanding variation in managers' ambidexterity: Investigating direct and interaction effects of formal structural and personal coordination mechanisms. Organization Science, 20 (4), 812 ~ 828.

[204] Mullen, B. , Copper, C. (1994) . The relations between group cohesiveness and performance: integration . Psychological Bulletin, 115: 210 ~ 227.

[205] Nemeth, C. J. , Owens, P. (1996) . Making work group more effective: The value of minority dissent. In M. A. West (Ed.), Handbook of work group psychology pp. 125 ~ 141. London: Wiley.

[206] Nonaka, I. , Toyama, R. , Konno, N. (2000). SECI, Ba and Leadership: A Unified Model of Dynamic Knowledge Creation. , Long Range Planning, 33: 5 ~ 34.

[207] Okun, M. A., Karoly, P., Lutz, R. (2002). Clarifying the contribution of subjective norm to predicting leisure – time exercise. American Journal of Health Behavior. 26 (4). 296 ~ 505.

[208] Oldham, G. R. Cummings, A. (1996). Employee creativity: Personal and contextual factors at work.. Academy of Management Journal, 39: 607 ~ 634.

[209] Oncken, W., Jr., Wass, D. L. (1999). Management time: Who's got the monkey? Harvard Business Review, 77, 178 ~ 186.

[210] Op't Hoog, T. (2009). Lighting up the effects of individual temporal characteristics and temporal leadership on individual NPD effectiveness Doctoral dissertation, Eindhoven University of Technology.

[211] O'Reilly 3rd, C. A., Tushman, M. L. (2004). The ambidextrous organization. Harvard business review, 82 (4), 74 ~ 81.

[212] Owen – Smith J, Powell W W. (2004). Knowledge networks as channels and conduits: The effects of spillovers in the Boston biotechnology community. Organization science, 15 (1): 5 ~ 21.

[213] Pargal, S. and D. (1996). Wheeler, Informal Regulation of Industrial Pollution in Developing Countries: Evidence from Indonesia, Journal of Political Economy, 104 (6), 1314 ~ 1327.

[214] Patel, P. C., Messersmith, J. G., Lepak, D. P. (2013). Walking the tightrope: An assessment of the relationship between high – performance work systems and organizational ambidexterity. Academy of Management Journal, 56, 1420 ~ 1442.

[215] Pillutla, M. Chen, X. P. (1999). Social norms and cooperation in social dilemmas: The effects of context and feedback.

Organizational Behavior and Human Decision Processes, 78, 81 ~ 103.

[216] Porter, M. E. and C. Linde. (1995) . Toward a New Conception of the Environment – Competitiveness Relationship. Journal of Economic Perspectives, 9 (4) .

[217] Powell W W, Koput K W, Smith – Doerr L. (1996). Interorganizational collaboration and the locus of innovation: Networks of learning in biotechnology. Administrative science quarterly, 116 ~ 145.

[218] Preacher K J, Hayes A F. (2004) . SPSS and SAS procedures for estimating indirect effects in simple mediation models. Behavior research methods, 36 (4): 717 ~ 731.

[219] Prieger, J. (2002) . Regulation, Innovation, and the Introduction of New Telecommunications Services. Review of Economics and Statistics, 84: 704 ~ 715.

[220] Prieto, I. M. , Santana, M. P. P. (2012) . Building ambidexterity: The role of human resource practices in the performance of firms from Spain. Human Resource Management, 51, 189 ~ 211.

[221] Raisch, S. , Birkinshaw, J. (2008) . Organizational ambidexterity: Antecedents, outcomes, and moderators. Journal of management.

[222] Rimai. R. N. , Real, K. (2005) . How behaviors are influenced by perceived norms: A test of the theory of normative social behavior. Communication Research. 32 (3), 389 ~ 414.

[223] Ritala, Paavo. (2012) . Coopetition strategy – when is it successful? Empirical evidence on innovation and market performance . British Journal of Management, 23 (3): 307 ~ 324.

[224] Rogan, M. , Mors, M. L. (2014) . A network perspective on individual – level ambidexterity in organizations. Organization Science, 25, 1860 ~ 1877.

[225] Rosing, K. , Zacher, H. (2016) . A New Perspective on Individual Ambidexterity and its Relationship with Innovative Performance. Academy of Management Proceedings. Academy of Management. 212 ~ 232.

[226] Rosing, K. , Frese, M. , Bausch, A. (2011) . Explaining the heterogeneity of the leadership innovation relationship: Ambidextrous leadership. The Leadership Quarterly, 22 (5), 956 ~ 974.

[227] Sanders K, Emmerik H. (2004) . Does modern organizations and governance threat solidarity? Journal of Management and Governance. 8: 351 ~ 372.

[228] Schneider, B. , Reichers, A. E. (1983) On the etiology of climates. Personnel Psychology, 36: 19 ~ 39.

[229] Scott, S. G. , Bruce, R. A. (1994) Determinants of innovative behavior: A path model of individual innovation in the workplace . Academy of Management Journal, 38: 1442 ~ 1465.

[230] Scott, S. G. , Bruce, R. A. (1994) Determinants of innovative behavior: A path model of individual innovation in the workplace. Academy of Management Journal, 37: 580 ~ 607.

[231] Selnes F, Sallis J. (2003) Promoting relationship learning. Journal of Marketing, 67 (3): 80 ~ 95.

[232] Shalley, C. E. (1995) Effects of coaction, expected evaluation, and goal setting on creativity and productivity, Academy of Management Journal, 38 (2): 483 ~ 503.

[233] Shank, J. K. , Niblock, E. G. , Sandalls, W. T.

(1973) Balance 'creativity' and 'practicality' in formal planning. Harvard Business Review, 51 (1): 97 ~94.

[234] Smith, D. L., Pruitt, D. G., Carnevale, P. J. (1982). Matching and mismatching: The effect of own limit, other'st toughness, and time pressure on concession rate in negotiation. Journal of Personality and Social Psychology, 42 (5), 876.

[235] Spreitzer (1995). Psychological Empowerment in the Workplace: Dimensions, Measurement and Validation Gretchen M. Spreitzer The Academy of Management Journal, Vol. 38, No. 5 (Oct., 1995), pp. 1442 ~1465. Published by: Academy of Management.

[236] Steensma, H. K., Corley, K. G. (2001) Organizational context as a moderator of theories on firm boundaries, Academy of Management Journal, 44 (2), 271 ~291.

[237] Steensma, H. K. Lyles, M. A. (2000) Explaining IJV survival in a transitional economy through social exchange and knowledge – based perspectives. Strategic Management Journal, 21: 831 ~851.

[238] Stewart, G. L., Barrick, M. R. (2000) Team structure and performance: Assessing the mediating role of intrateam process and the moderating role of task type. Academy of Management Journal, 43: 135 ~148.

[239] Strese S, Meuer M W, Flatten T C, 等 (2016) Examining cross – functional coopetition as a driver of organizational ambidexterity. Industrial Marketing Management, 57: 40 ~52.

[240] Strese S, Meuer MW, Flatten TC, Brettel M. (2016) Organizational antecedents of cross – functional coopetition: The im-

pact of leadership and organizational structure on cross – functional coopetition. Industrial Marketing Management. Feb 29; 53 : 42 ~55.

[241] Thomas S. Batenan, (1993). The proactive component of organizational behavior: A measure and correlates School of Business, Journal of Organizational Behavior. VOL. 14, 103 ~118.

[242] Tiwana A. (2008) Do bridging ties complement strong ties? An empirical examination of alliance ambidexterity. Strategic Management Journal, 29 (3): 251 ~272.

[243] Trafimow, D., Finlay. K. A. (2001). Evidence for improved sensitivity of within – participants analyses in tests of the theory of reasoned action. Social Science Journal, 38 (4), 629 ~635.

[244] Tushman, M. L. and O'Reilly, C. A. (1996) The ambidextrous organizations: Managing evolutionary and revolutionary change. California management review, 38 (4): 8 ~30.

[245] Van Offenbeek, M., Koopman, P. (1996). Interaction and decision making in project teams. In M. A. West (Ed.), Handbook of work group psychology pp. 159 ~ 187. London: Wiley.

[246] VandeWalle, D. (1997). Development and validation of a work domain goal orientation instrument. Educational and Psychological Measurement, 57, 995 ~1015.

[247] Vogus, T., Welbourne, T. (2003) Structuring for high reliability: HR practices and mindful processes in reliability – seeking organizations. Journal of Organizational Behavior, 24: 877 ~903.

[248] Waller, M. J., Zellmer – Bruhn, M. E., Giambatista, R. C. (2002). Watching the clock: Group pacing behavior under dynamic deadlines. Academy of Management Journal, 45 (5), 1046 ~ 1055.

[249] Wang C H, Hsu L C. (2014) Building exploration and exploitation in the high - tech industry: The role of relationship learning. Technological Forecasting and Social Change, 81: 331 ~340.

[250] Wen Z, Marsh H W, Hau K T. (2010) Structural equation models of latent interactions: An appropriate standardized solution and its scale - free properties. Structural Equation Modeling, 17 (1): 1 ~22.

[251] West, M. A. (1995). E ective Teamwork, British Psychological Society, Leicester.

[252] West, M. A. and Anderson N. R. (1996). 'Innovation in top management teams'. Journal of Applied Psychology, 81, 680 ~693.

[253] West, M. A. and Farr, J. L. (1989). 'Innovation at work: psychological perspectives', Social Behaviour, 4, 15 ~30.

[254] West, M. A., Anderson, N. R. (1996) Innovation in top management teams. Journal of Applied Psychology, 81: 680 ~693.

[255] Wiley. Glick, W. H. (1985). Conceptualizing and measuring organizational and psychological climate: Pitfalls in multi - level research. Academy of Management ReFiew, 10, 601 ~616.

[256] Wiseman, R. M., Bromiley, P. (1996) Toward a model of risk in declining organizations: An empirical examination of risk, performance and decline. Organization Science, 7: 524 ~543.

[257] Woodman, R. W., Schoenfeldt, L. F. (1990). An interactionist model of creative behavior. Journal of Creative Behavior, 24, 10 ~20.

[258] Woodman, R., Sawyer, J., Griffin, R. (1993) Toward a theory of organizational creativity. Academy of Management

Review, 18: 293 ~321.

[259] Woodman, R. W. , Schoenfeldt, L. F. (1990) An interactionist model of creative behavior . Journal of Creative Behavior, 24: 10 ~20.

[260] Wright, N. , Drewery. G. , (2002) Cohesion Among Culturally Heterogeneous Groups, Journal of American Academy of Business, (1), 66 ~72.

[261] Zaheer A, Zaheer S. (1997) Catching the wave: alertness, responsiveness, and market influence in global electronic networks. Management science, 43 (11): 1493 ~1509.

[262] Zhao, X. , Lynch, J. G. , Chen, Q. (2010) . Reconsidering Baron and Kenny: Myths and Truths about Mediation Analysis. Journal of Consumer Research, 37, 197 ~206.

[263] Zhou, J. and C. E. Shalley (2003), Research on employee creativity: a critical review and proposal for future research directions, In: Martocchio, J. J. and G. R. Ferris (eds.) (2003), Research in personnel and human resource management, Oxford, England: Elsevier.

[264] Zhou, Y. , Zhang, Y. , Montoro - Sánchez, A. (2009) How do the reward approaches affect employees' innovative behaviors? an empirical study in chinese enterprises . Academy of Management Proceedings, 1: 1 ~6.